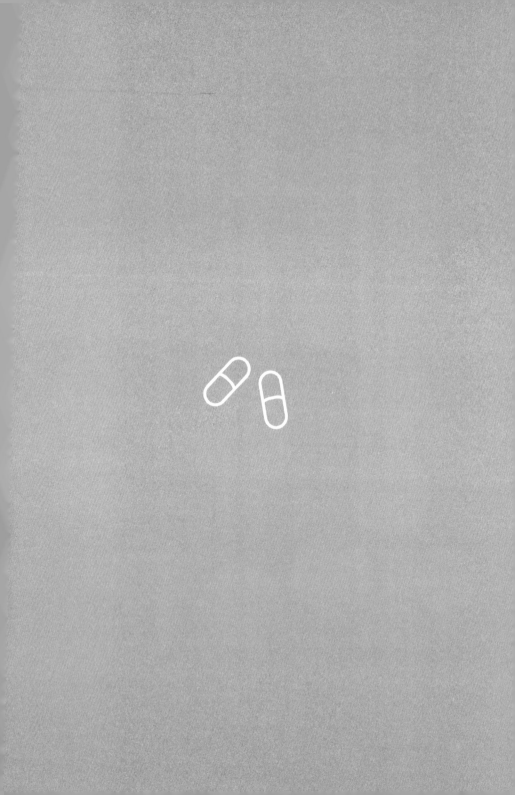

有時傻眼、有時溫馨，
還偶爾噴淚的藥師奇葩人生

我不是那個"包藥的"

陳佳玲（玲玲藥師）——著

推薦序——藥師，是一份有溫度的專業

藥師用專業守護全民健康，是一種快樂與責任！

過去幾年，我們經歷一場百年大疫，新冠肺炎病毒遍及全球各地，隔離與封鎖成為日常的風景，懷疑和恐懼也在每個人的生活中逐漸蔓延。在疫情期間，藥師無論在社區健保藥局、診所、各層級醫事機構等，協助政府販售實名制口罩與快篩試劑、調劑防疫藥品、協助藥品調度、提供送藥到府服務等，成為防疫第一線，守護全民健康能夠於疫情期間穩定前行。

佳玲藥師，不僅僅是醫療院所第一線守護全民健康的藥師，她曾經是《藥師週刊》的一員，曾任台南市藥師公會記者十六年的時間，雖然在今（二〇二四）年卸下了記者的任務，在十六年的藥師週刊訓練下，其寫作功力是有目共睹的。

透過佳玲淺顯易懂的筆觸下，她創作出《我不是那個包藥的：有時傻眼、有時溫馨，還偶爾噴淚的藥師奇葩人生》一書，此口語化、響亮的書名，第一眼就相當「吸睛」；透過書中六個篇章，娓娓道來成為藥師及藥師執業中發生的趣事，讓想了解藥師的民眾及有意願成為藥師一份子者，從書中各章節可一探藥師獨特及專業的一面。

近些年以來，藥學入系難度年年升高，沒有招不到的學生、只有搶破頭的難題！藥學生畢業後若能考上執照，在就業市場旋即炙手可熱。然而藥師養成大不易，佳玲於書中精簡分享教考訓用的自身經歷與觀察，讓想以藥學服務為職志的學生，能從本書察得，並將藥師執業日常，以深入淺出、幽默有趣的筆觸，呈現給讀者。

誠如她在書中所說，「這是一份有溫度的工作」。藥師的工作不是冷冰冰的，這裡有溫度、有熱度，用關懷、體諒和用心讓民眾感受到藥師工作的熱忱，讓溫度得以延續下去，這份工作就會顯得更有價值。

坊間書海茫茫，好書難尋。透過本書的描繪，了解現今藥師的角色是很多元的，除了在社區藥局提供民眾藥事服務外，藥師也走入社區，包含到民眾家中提供居家式藥事照護，或到長照機構為住民提供藥物治療評估、送藥到府，或到校園及社區進行用藥安全宣導，甚至協助獨居長者、身心障礙者、偏鄉居民，給予所需的藥事服務，成為民眾用藥安全的守護者。

推薦此本好書，願藥師發揮專業為全民健康，開創安全用藥環境而努力不懈！

許嘉紋

（藥師週刊總編輯）

作者序

從寫這本書開始，我就一直不停地在回想，我當初為什麼會成為藥師？

從學校畢業之後，直到藥師證書拿在手裡，我才真正有一種「我是藥師」的感受，一直提醒自己需保有初衷地服務民眾，然後小心翼翼在藥界江湖闖蕩二十年！

「二十」是一個很特別的數字，這意味了「成年」的含義，也象徵著一位藥師的成熟與獨當一面！

走向「成年」的時光，像是一場奇幻冒險旅程。二十年前，我從一個傻乎乎的藥師小白，找了幾個工作都不適合，一直到在醫院深耕成為主管，帶領著藥局夥伴成長，這中間經歷的磨練和汗水可是三天三夜也說不完。憑著對寫作的熱情，在藥師週刊擔任記者十六年，亦曾在報紙、網站及學會發表了不少健康文章。想讓民眾認識藥師，決心走出調劑台，成立了社群媒體，經營「藥玩家　玲玲藥師」，把藥師生活的點點滴滴用平易近人的方式記錄下來，讓民眾了解藥師究竟在做什麼。

還記得第一次到學校教課時，台下有三分之二的學生年紀比我大，講台上的我看起來像個小孩，不知道是哪來的勇氣，一點一滴累積後就這樣站在學校講台上任教了七至八年，在取得部定講師資格時，我才發現原來我已經成長這麼多了。有著不斷精進成長的個性，認為藥學的領域還很廣，除了取得藥學碩士資格外，藥學其他相關的領域也開始涉獵：國際芳療師、美容師、兒童成長管理師、戒菸衛教師等，我都順利取得證照並持續學習。

我從「藥師」開始，變成學校老師，然後寫了兩本書，成為了作家。這些改變都沒有離開藥師本質，我一直在這些領域結合藥學理念推廣用藥安全知識，讓更多人認識藥師。

有人問過我，你不會覺得很累嗎？每天工作這麼忙，怎麼還有心情做這些事？

我的回答是，工作本來就不會是輕鬆的。但是，做自己喜歡的事怎麼會累！我喜歡寫作，所以寫紀錄做文章就是生活的一部分；我熱愛教學，在工作領域帶領新進藥師或實習生，到學校教課都是喜歡的事情；能做著喜歡的事，是件多麼幸福的事情。

走向「成年」的這段旅程，遇過許多人事物，有歡笑、有挫折，打擊風浪也不少，感謝看見我的你們，因為有你們的支持，我才能站在這裡。

「成年」之後，還有很遠的路要走，我會永遠記得我踏入藥學的初衷——「當一個好藥師」，帶著最純粹的心一路走下去。

這本書寫出了我的「成年史」，有笑有淚和好多好多故事，希望你們會喜歡。

（藥玩家 玲玲藥師）

目錄

第一章　藥師之路也挺艱辛的

第二章 初入社會的菜鳥藥師

第三章 藥師有苦難言

第四章

居家訪視點滴

第 1 章

藥師之路

也

挺艱辛的

讀藥學好像也不錯！

從來沒想過，有天我會成為一名藥師。小時候，對於未來很迷惘，根本沒有任何想法，也不知道長大後要做什麼？

那時候的國中，會將成績比較好的同學們聚集在某幾個班級裡面，成立所謂的「好班」，也就是資優班或升學班。記得小時候想要補習數學，地方上有名氣的數學老師多半會挑選學生，二百至三百個學生去報名，僅錄取十五個，因此在有名氣的補習班裡，幾乎都是「好班」的同學聚在一起。我的成績在「升學班」裡算中上程度，但也無法保證能考上第一名高中，比較保險大概會落在第二志願的高中。當然，如果考試出槌，也可能落在第三志願。在升學班裡我的成績不算亮眼，所以未來該讀哪一領域，其實我也沒有什麼想法，覺得非常困擾！

以前升學相關參考資料沒那麼多，也沒有像現在這樣，學校或坊間有很多營隊讓考生先行體驗，加上網路不似如今般廣泛和發達，在此情況下，唯一可以採納的建議往往來自父母和老師。當時班上大部分同學的第一志願多半是當老師；比較厲害的男生會想要當醫師。我曾經想過我可以作律師或心理學家，也曾想過不然還是和大家一樣當老師好了……無奈左思右想還是沒有頭緒。

爸爸說：「當會計是一個不錯的選擇」，那時候正逢經濟發展的年代，會計在當時可謂是相當有發展的職業。更因著讀會計需要學會撥打算盤，爸媽也帶我學珠心算，我更爭氣的學到心算六段等級！

眼看聯考時間越來越近了，我還是不知道要走哪一條路，我腦中不時腦補出填志願時的無助情況，越想越徬徨。直到有一天，政府宣布要進行醫藥分業。

醫藥分業就是指醫師負責看診、處置及開立處方箋；藥師負責調劑處方箋及進行用藥指導；醫藥合作共同承擔照顧病人的責任。父親說，「醫藥分業後，或許『藥師』這工作會是妳最好的選擇——只要醫藥分業開始就一定需要藥師，我查了許多相關資料，以妳的成績足夠上藥學了，不用想太多，就好好準備考試吧！」

聯考成績揭曉，我成績還算不錯，很多科目都拿到滿分。我父親說：「念藥學一定沒問題，我已經看好一間學校，妳就填這一間吧！」就這樣，拍板定案！我也如願上了藥學。適逢醫藥分業，藥學入取成績突然突飛猛進，一下子拉得巨高，還好成績不差，不然可進不去。最驚人的是，從這年開始，藥學的成績就開始居高不下。

雖然如願考上藥學，但是如果你問我，藥師到底在做些什麼？是一個怎麼樣的工作呢？在那時候的我，應該只能傻笑著，不知道如何回答。

醫藥分業示意圖

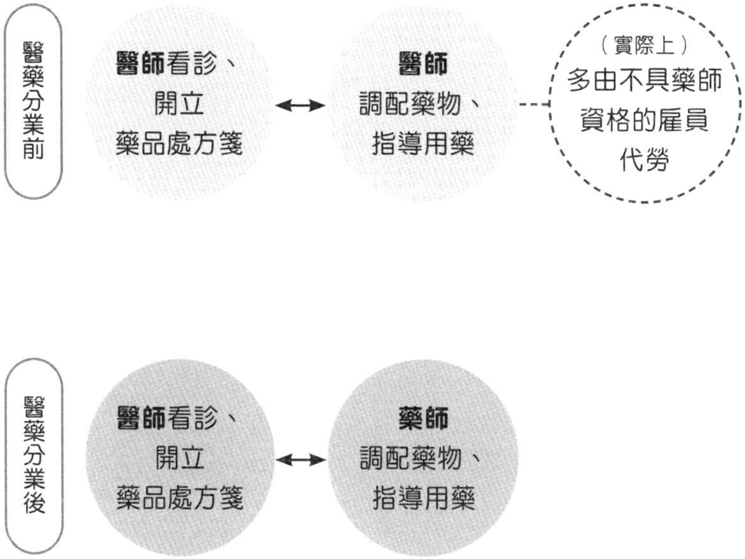
醫藥分業前
醫師看診、開立藥品處方箋
醫師調配藥物、指導用藥
（實際上）多由不具藥師資格的雇員代勞
醫藥分業後
醫師看診、開立藥品處方箋
藥師調配藥物、指導用藥

現實與夢想不停拉扯著～

剛讀藥學時，只明確知道以後一定要考藥師執照；因為考上執照後就可以像老師一樣，端著鐵飯碗，生計不用愁。我的國中同學沒有人和我一樣選擇藥學，心中七上八下，怕以後沒有人可以一同分享藥學相關問題。

藥學似乎沒有想像中困難，我的成績幾乎都落在班級比較前面的名次。求學時代的我絕對是個乖乖牌，班上同學九成以上都是外地生，住在宿舍裡，他們過得非常歡樂，到處遊玩。而我當時住在家裡，每天通車上下學，加上家教嚴格，根本沒機會和同學出遊。

所幸現下的校園裡流行社團活動，加上社團時間大部分都在上學時間內，不影響回家時間，因而我對社團活動躍躍欲試。班上同學大多熱愛童軍社、青年服務團和藥用植物社，這幾個社團絕對是當時校園中人數最多的社團，偏偏我不感興趣。

直到舉行學校社團成果展，恰好路過廣播社，聽學長姐分享著：「若加入廣播社就有機會當校園ＤＪ、錄製廣播節目，並且在餐廳播放喔。」一聽完，我眼睛一亮，彷彿發現新地球一樣，整個人興奮不已啊！念書時由於沒有那麼多零用錢，加上手機尚未普及，網路不發達，每天晚上都要聽著廣播才能入睡。

印象中有一位男性廣播節目的主持人李傑，他的聲音非常感性，節目時段接近午夜，搭配如海浪聲音般的ＢＧＭ，這樣的搭配在夜晚真是太迷人了。我那時候極度欣羨ＤＪ這個行業，覺得如果能當上ＤＪ人生肯定帥翻了，因此不加思索地加入了廣播社。

入社後，赫然發現廣播社原來是個極小的社團，社員人數少之又少，學長看見有新人加入，臉上遮掩不住地大大的笑容嶄露無遺。加入廣播社後，我才知道自己設計並錄製節目不是騙人的，學校不僅有錄音室可以使用，錄好的節目卡帶還能帶到餐廳，請餐廳阿姨播放呢。在廣播社中，我彷彿真的化身為校園DJ，還在餐廳中放置留言小卡，想點歌或想趁機表白的就可以填寫小卡，然後我會不定期去餐廳收回。是的，我的廣播節目會幫聽眾播歌和傳遞想說的話，那時候我整個人沉溺在廣播的美好中，覺得美夢成真的感覺真好。

記憶中社團邀請很多有名的電台DJ來授課，從聲音表情、唸新聞稿、製作節目等一一教導。在社團學習一、二年後，社團開始跟其他學校的廣播社接觸，慢慢認識了不少志同道合的夥伴。因緣際會下，當時台南一個很夯的電台決定給我們禮拜六下午兩個小時的時間，讓我們製播自己的廣播節目並主持。聽到這個消息時，我簡直不敢相信，心想：天啊！怎麼可能會有這麼好康的事情降臨在我身上，於是很開心地回家跟爸爸媽媽媽分享，並詢問是否可以一邊唸書一邊當電台ＤＪ？父親緩慢說道：「妳成績突然退步這麼多，原來就是因廣播搞出來的啊！妳不好好唸書，未來考不上藥師怎麼辦？當電台ＤＪ要做什麼呢？電台ＤＪ會比藥師好嗎？」就這樣，在現實與夢想的相互拉扯下，電台ＤＪ夢被迫放棄了。

藥學科目多到令你懷疑入錯行

我帶著失去電台ＤＪ的遺憾，完成了學業。真心說：藥學對我來說，最頭痛的應該是化學相關科目，如「有機化學」、「藥物化學」都讓我十分頭大，對於化學結構式我真是沒轍，明明唸了無數次，每次一看到結構式我還是覺得無比陌生。

至於藥學要學習什麼呢？不外乎是「藥物的相關知識」，

聽起來似乎也沒有很複雜啊，無奈課程種類五花八門，簡單來說可區分為基礎科目和藥學專業科目。攤開來看：基礎科目有分析化學、有機化學、生物學、生理學、解剖學、生物化學等，主要是基本觀念的建立，這些都是後來銜接專業科目的必要學習。專業科目則有藥理學、藥物化學、藥物分析、生藥學（含中藥學）、藥劑學、生物藥劑學、調劑學、臨床藥學、藥物治療學、藥事行政與法規等……。專業科目都是藥師國考的必考科目，可以想見，學習難度大大提升。

除此之外，對於藥品的研發、製作、調配、販賣及管理等，也必須有一定的認識。還好，現在學校的課程規劃十分多元，將社區藥學、藥品資訊分析、生物統計、藥膳學等也都加入學習的行列，讓整個藥學課程更加完整了。

換句話說，藥學就是將一顆藥從研發、製作、上市，一直到最後——被人體吸收，產生作用，觀察用藥反應，到給予藥物衛教，整個流程都是藥學的精髓所在。

最後幾年的專業學科，即藥理學、藥用化學、藥物治療學、中藥學、藥物分析等，可謂非常有難度。舉例來說：面對高血壓疾病，首先要知道怎麼樣算是高血壓？高血壓的標準是什麼？高血壓有哪些併發症？高血壓的治療藥品有哪些種類？藥品機轉（即藥物吸收之後，發揮的療效）是什麼？藥品化學結構是什麼？這些藥品之間有什麼差異？此外，藥品的副作用、劑量、治療效果、使用禁忌和交互作用等都要了解。如果病人同時有腎臟和高血壓問題，那麼哪個藥品比較適合使用？諸如此類的相關比較，都得清清楚楚、了解透徹。

高血壓藥品大概有十種分類，每個分類下面各有不同藥品，換算下來，光高血壓藥品就有好幾十項了，更何況高血壓只是眾多疾病中的一種而已，加上治療其他疾病的藥物，林林總總加起來，念個藥學至少要搞懂的藥至少上千種。藥師要讀的藥學知識很多、很廣，因為疾病很多且複雜，如果是合併疾病用藥就更複雜了；而且藥師不只要學西藥還要學習中藥，所以藥師的證照不太好拿，國考通過率大概落在百分十至四十左右。

儘管成為藥師，是爸爸最早的建議。但如果你現在再問我，「那妳喜歡藥師這個工作嗎？」是的，現在的我會回答你，「我很喜歡當藥師。」

如果你問我，為什麼會喜歡上藥師這個工作？那麼我得建議你，跟著我一起回顧這些年的經歷及故事，我最後才能回答你：什麼是我喜歡當藥師的原因。

非本科系要怎麼考藥師？

非藥學系畢業者不能考藥師喔！所以，想辦法進入藥學系是第一條件！高中生和高職生都有機會報考藥學系大學的。

應屆高中生可以參加學測或分科報考普通大學（臺灣大學、臺北醫學大學、成功大學、國防醫學院、陽明交通大學、中國醫藥大學、高雄醫學大學及慈濟大學），非應屆高中生則可參加統測；高職生可以報考科技大學（嘉南藥理大學及大仁科技大學），統測（甄選、登分）、技優和繁星都是多元入學管道，有些學校會額外開獨立招生，有興趣者可以多注意每間藥學大學的招生說明。

藥師只是包藥的機器？

按照學校規定，畢業前必須進行藥學實習。實習就是最後一學年利用暑假的兩個月時間去到醫院實際學習；我當時實習的醫院位在南部市中心，是一家中小型的醫院。

報到的第一天，我們幾位實習生先與主任進行了面談，但不可思議的是，主任當天下午竟然就離職了，整個藥局瞬間群能無首。後來我聽學長姐說，這是醫院第一次收實習生，主任才會特地過來跟我們打招呼。實習醫院規模不大，藥局也小小的。藥局旁邊就是急診室，不忙的時候，我經常看著急診室處置病人的情況，有時候還會看到血淋淋的民眾被送進來……各種狀況都有；急診室的醫師總是風風火火的奔來奔去，和電視劇完全不一樣。但看著危急的病人健康地離院，也讓我感受到醫療人員的偉大。

由於藥局的藥品大多是裸錠，就是一顆一顆的藥粒，不是鋁箔再包裝的，直接就是瓶裝，調劑時再倒出來使用；裸錠可以一眼就看到藥品外觀、顏色等。實習醫院中的藥師多半會把藥品放在調劑桌上，為了調劑便利沒有蓋上瓶蓋，所以眼睛一看就能看到藥品形狀和顏色；對於不熟悉的藥品則看一下瓶身標籤，也能輕易知道藥名和治療用途。

調劑久了，慢慢地只要看到藥品顏色和形狀，就會知道是哪一種藥。現在回想起來，調劑似乎不算困難，算是一件熟能生巧的事情，畢竟每天都看著這些藥品，久了就會了。就這樣平日從早上九點到下午六點，禮拜六從早上九點到下午一點，每天進行著調劑工作，日復一日我思考著：「藥師的工作就是這樣嗎？」每天站立八小時，手裡忙碌不停，一整天下來，腦中空蕩蕩的，我像台配藥機器轉個不停，一包接著一包地完成藥袋。

除了在門診藥局調劑外，中午還會有一台住院藥車要調配。住院藥車上都是住院病人的用藥，藥師需要每天調配好一天份的藥量給病房區的護理站；這裡沒有住院藥局，所以調配藥車的地方也在門診藥局。猜想可能是因為工作量或者是醫院屬性的關係，因此除了門診藥局外，我並沒有到臨床部門實習，也沒有進行化療調配、中藥和藥物諮詢等。教導我的學長姐更沒有時間幫實習生安排課程，加上缺乏帶實習生的經驗，所以我每天做著同樣的業務。學校教的各種課程在實習的生活裡，就好像兩條平行線一樣。如今回想起那兩個月的實習日子，單調、沒有激起任何漣漪，就是包藥機器如此而已，於是乎，我開始思考「藥師」這工作的可行性了。

此外，依照學校規定，實習除了需要完成規定的時數外，還需撰寫實習日誌。實習日誌就是記錄下每日實習所學，日復一日的我除了調劑外，實在沒有其他心得，因此我每天要求自己認識一個藥品。藥品的包裝盒都會有仿單，仿單就是藥品的說明書，上面記載著藥品名稱、用途、劑量、副作用、使用禁忌等資訊，每天拿一張仿單閱讀，把藥品資訊記錄在日誌裡面，就這樣我完成了兩個月的醫院實習，靠著自己每天自修，實習結束我認識了大概快五十種的藥品。

PHARMACY

藥師學習也得有條有理！

按照醫藥分業的精神，藥師和醫師是共同合作的關係；藥師必須確認藥品、辨別問題處方並給予病人用藥教育。實習後回到學校，我突然開始感到不安，聽到許多在大型醫院實習的同學分享，不禁羨慕他們竟學習到這麼多，還學會做臨床案例報告，也去了臨床部門學習；天啊，我跟他們比起來實在爆弱了！如果我想要成為頂尖的藥師，我是不是還缺少很多努力和經驗啊？如果想讓自己跟上大家，我還需要多做些什麼呢？這些疑惑也變成爾後我在藥師路途上努力的功課和動力。

早年的藥學實習規劃並不完整，實習課程也沒有特別規定，所以在實習的時候，負責教學的藥師若缺乏帶實習生的經驗，就會間接導致旗下實習生無法接受完整的實習訓練。

民國九十四年台灣藥學會、臺灣臨床藥學會及中華民國藥師公會全國聯合會開始著手規劃「醫院藥學實習辦法」，將醫院實習時間拉長規劃成六百四十小時，並得於同一所醫院完成實習。藥學實習內容分為基本項目和選修項目。基本項目包括：門診調劑、住院調劑、臨床藥事服務、藥品管理、藥品諮詢。選修項目則包括：全靜脈營養調配、化學治療藥品調劑、中藥門診。如此一來，實習課程變多元了；學會也規定每個站別的訓練最低時數，例如：藥品諮詢需實習八十小時，倘若實習總時數不足六百四十小時就無法參加藥師國考；不似我之前只能待在門診藥局，根本沒有機會到其他站別學習，相對後來的實習規劃真的完整許多。

以前對教導實習的藥師並沒有規定其資格，只要是藥師身分就可以，因此教學的藥師對於實習教學沒有一致的概念，整體規劃也不完善。在「醫院藥學實習辦法」出來後，對於指導實習生的藥師就有較明確的資格要求。實習指導藥師認證之基本條件為：（1）需具有效的台灣藥師執業執照，且（2）具兩年以上教學醫院執業經歷，（3）具教學熱誠且須由藥劑部門主管推薦，符合以上條件後就可以報名參加受訓。受訓得花費兩天時間，內容包含如何成為稱職的實習指導教師、有效的臨床教學與評估、藥物相關問題之解決（病案討論）及藥學倫理等，受訓通過且取得證明者即可為實習指導藥師。

為了保持教學資格，指導藥師須每兩年完成臨床藥學會所規劃的持續教育訓練課程，始得延續其認證資格。在臨床藥學會的訓練課程下，教師不僅更明白教學的方法，在評估實習生的學習成果時也更具一致性。此外，教師也必須持續進修延展教師資格，這些改革讓整個藥學實習完整，對於後來的藥學生來說可謂獲益良多，我常常感嘆出道得太早，否則就可以在實習上學習得更完整了。

藥學應該讀幾年比較好？

這些年來，藥師這行業變得很夯，許多學生都想擠入藥學系。我求學時代尚有專科學校，當時專科學校五專制設有藥學科，直到教育制度改革之後，藥學系才都改成大學學制。雖然都是大學學制，但是學制與修業年制卻有出入。

目前台灣共有十間學校設有藥學系，普通大學有八間，分別是臺灣大學、臺北醫學大學、成功大學、國防醫學院、陽明交通大學、中國醫藥大學、高雄醫學大學及慈濟大學；科技大學則有嘉南藥理大學及大仁科技大學。

現行的藥學教育制度是四、五、六年制並存。原本藥學系都是四年制，之所以會有不同學制的產生是為了要跟上美國的藥學教育改革，因而改行六年學制來培養專科藥師。國內第一間跟上美國腳步的是臺灣大學。臺灣大學在二〇〇九年起開始推動六年制藥學教育。有些學校則採不同學制並存，讓學生有更多選擇空間，例如：臺北醫學大學是四年制與六年制並存。其實無論從哪一種學制畢業都能參予藥師國考，差異僅在於授課內容不同。

四、五年制是藥學基本要學會的課程，包括製藥工業、藥品開發、藥事專業與社區藥學等，加上國考科目需求，學校多半都會把這些課程安排進去。仔細一瞧，其實課表被安排得滿滿的，卡在修業年限的關係無法再規劃完整的臨床藥學訓練，因此四、五年制與六年制的差異在於，六年制會更有空間規劃較為深入的臨床藥學課程，實習的時間也會拉長，把臨床照顧的經驗做得更加扎實。

究竟要選擇哪個修業年制比較好呢？我認為四、五、六年制的差異在於你自己對於藥學工作的發展規劃，如果僅希望擁有藥學知識，執照拿到後立即投入社會中學習實戰經驗者，選擇四、五年制的就可以了；如果傾向照護病人，想多累積臨床經驗，之後往醫院或長照發展的，我覺得六年制是一項適合的選擇。

大學	學校	學制	學系	學位
普通大學	臺灣大學	六年制	藥學系	臨床藥學士 Pham.D.
	臺北醫藥大學	四年制	藥學系藥學組	藥學士 B.S. in Phamacy
		六年制	藥學系 臨床藥學組	臨床藥學士 Pham.D.
	成功大學	六年制	藥學系	臨床藥學士 Pham.D.
	國防醫學院	六年制	藥學系	臨床藥學士 Pham.D.
	陽明交通大學	六年制	藥學系	臨床藥學士 Pham.D.
	中國醫藥大學	五年制	藥學系藥學組	藥學士 B.S. in Phamacy
		六年制	藥學系 臨床藥學組	臨床藥學士 Pham.D.
	高雄醫學大學	五年制	藥學系	藥學士 B.S. in Phamacy
	慈濟大學	六年制	藥學系	臨床藥學士 Pham.D.
科技大學	嘉南藥理大學	五年制	藥學系	藥學士 B.S. in Phamacy
	大仁科技大學	五年制	藥學系藥學組	藥學士 B.S. in Phamacy
		六年制	藥學系 臨床藥學組	臨床藥學士 Pham.D.

目前四、五年制的畢業生，其學位為藥學學士Bachelor of Science in Pharmacy（B.S. in Pharmcy）.;六年制畢業的稱為臨床藥學士Doctor of Pharmacy（Pharm.D.），兩者都是學士學位相等學歷。對於藥學有興趣的，可以先考量自己的成績落點，畢竟普通大學和科技大學的入學標準不同，成績也有一定差異。有些學校除了正常的入學管道外，還有獨立招生的方式，可以視自己的狀況選擇合適的學校就讀。

目前科技大學入學管道比較多元，加上藥師工作相對穩定，因此孿多已有工作經驗或是擁有其他學歷的民眾願意重新進入藥學系就讀。在科技大學中孿常遇到非應屆或年齡偏大的學生，這也是現今藥學就讀存在的特別風景。

要怎樣才能當藥師？

成為藥師只有兩個要求，第一是從藥學系畢業並完成實習，第二是參加國家考試考取藥師資格！

如果沒有從藥學系畢業，在考「藥師國考」那關就會被刷下來了，沒有學歷相關證明文件是不得報考藥師考試的。

從藥學系畢業並完成實習是成為藥師的第一個關卡，目前台灣藥學系共有十間學校，普通大學的有八間，科技大學有兩間。可以視自己的程度選擇學校，在學校一邊學習，一邊著手準備國考，想要成為藥師不是件不可能的事！

哭泣，國考想要合格好難啊

待學校所有課程修完且及格後，即可順利畢業取得畢業證書，按照當時考試院的規定，「畢業加上實習完成後」，這樣就能參加藥師國考。藥師國考一年有二次應試的機會：應試者可以一次考完所有科目，只要平均成績達六十分就算及格，若有一科成績為零分者，不予通過。

平均六十分聽起來似乎並不難，但是事實上並不是如此。舉例來說：藥師國考科目共有藥理學、藥物化學、藥物分析、生藥學（含中藥學）、藥劑學、生物藥劑學、調劑學、臨床藥學、藥物治療學、藥事行政與法規等，共計十科。這些專業科目內容很多，基本上六月畢業，七月就可以參加國考了，但想要把全部科目念完整並不簡單，加上國考題目有一定的困難度，所以合格率不高，一般落在百分之十到百分之四十，落差的原因主要是考題的難易度所導致；當考題很難的時候，也曾出現不到個位數的合格率。

以前的測驗模式多採電腦閱卷，考試時必須使用2B鉛筆來塗答案卡片；幾乎都是選擇題，一個科目有80題選擇題，考試時間60分鐘，也就是一題只有45秒可以思考，如果遇到沒有把握的題目，思考稍微久一些，就有可能造成題目寫不完，加上還要塗答案卡片，老實說，考試時間真的很緊張。

別以為只有這樣，有些科目的選擇題中是需要計算的，時間加加減減，連檢查答案是否錯誤都是不可能的事情。考試時間60分鐘幾乎是恰巧用盡。所以，若打算取得國考合格一定要提早作準備，增加對各個科目的熟悉，才不會出現來不及作答的情況。

在最後一年的就學中，大部分同學會自費報名參加藥師國考的補習班。補習班老師會進行考題整理及解析，對於國考有很大的幫助；如果不參加補習班，還有一種短期的國考衝刺班，利用國考前的極短時間來加強複習，這也是另一種選擇。

念書的方法其實每個人不同。我有一個同學本來平日成績就很好，平時也會主動複習，因此在國考前，他只採了多做歷屆考題的方式；在瘋狂做題下，如願地以高分考上藥師。我自知不是藥學頂尖的人物，只能一步一腳印地累積，我選擇每週六日加入藥師國考補習班，一點一滴積累，再回家加強複習，最終考上藥師。

這幾年來，藥師國考的應考模式也漸漸出現改革，考選部在一〇七年七月一日起全面將藥師國考改成兩階段考試，不用一次十個科目全部考完。考選部將考試科目分兩階段，讓考生有足夠的準備時間，不用一次定生死。與現在相比，我覺得兩項方式各有利弊：以前一次考完的優點是只要平均六十分就算通過，如果有其他科目成績比較好的話，就能將其他較低分的科目拉高；考的科目多，拉分機會便會大大提高許多。

兩階段考試方式有些許不同了：第一階段是只要在校第一階段考試科目修完就能參加測驗，也就是如果你的藥學系修業年限較長，學校會提早教完第一階段的考試科目，所以在畢業前至少有二至三次的機會參與第一階段國考的機會。對於現在天的考生來說，可以多幾次的準備機會；第二階段考試按照規定，一定要完成實習和取得畢業證書才能參加，所幸多半第一階段通過後，要通過第二階段就會容易許多，畢業後大多能成為準藥師了。

不同的是，現在國考是採線上直接作答，考完就可以立刻知道成績，省去2B鉛筆在答案卡上塗塗改改的時間；且自一一三年七月起，80題測驗考試時間延長為90分鐘，50題測驗時間則為60分鐘（科目名稱：藥事行政與法規），這些改革提供應試者極大的便利性。

現在考試院的規定是：

・藥師第一階段考試

1. 公立或立案之私立大學、獨立學院或符合教育部採認規定之國外大學、獨立學院藥學系畢業，並經實習期滿成績及格，領有畢業證書者。

2. 中華民國一〇一年六月五日《藥師法》修正施行前，於公立或立案之私立專科學校或符合教育部採認規定之國外專科學校藥學科畢業，並經實習期滿成績及格，領有畢業證書者。

3.公立或立案之私立大學、獨立學院藥學系在學學生，修畢藥師第一階段考試應考學科成績及格，領有學校證明文件者。

前項所稱實習期滿、成績及格之認定基準，由考選部另定之。

・藥師第二階段考試

經藥師考試分階段考試第一階段考試及格，並具有下列各款資格之一者，得應本考試第二階段考試。六年內第二階段考試未及格者，應重新應本考試第一階段考試：

1. 公立或立案之私立大學、獨立學院或符合教育部採認規定之國外大學、獨立學院藥學系畢業，並經實習期滿成績及格，領有畢業證書者。

2. 中華民國一〇一年六月五日藥師法修正施行前，於公立或立案之私立專科學校或符合教育部採認規定之國外專科學校藥學科畢業，並經實習期滿成績及格，領有畢業證書者。

如果藥師國考只要平均達六十分就可以了，那麼考八十分和考六十分有什麼差異呢？

其實，藥師的證書上並不會註記國考成績，只要達合格標準就可取得藥師資格了，從證書上根本看不出來差異。藥師的成熟與否，主要來自於工作後的表現。獨立的藥師有很多面向，要有藥學基礎、專業技能、溝通技巧與人際關係等表現，這些單靠國考都無法呈現，因此投入職場後的表現才是真正的能力所在。

註：修畢藥師第一階段考試應考學科，係指修畢藥理學、藥物化學、藥物分析、生藥學（含中藥學）、藥劑學、生物藥劑學等學科。

藥師也是有崇高使命的

取得藥師執照後，就算是一名真正的藥師了。藥師在社會上究竟扮演著什麼角色呢？

按照《藥師法》第15條的規定，藥師的業務及責任如下：

一、藥品販賣或管理。

二、藥品調劑。
三、藥品鑑定。
四、藥品製造之監製。
五、藥品儲備、供應及分裝之監督。
六、含藥化粧品製造之監製。
七、依法律應由藥師執行之業務。
八、藥事照護相關業務。

中藥製劑之製造、供應及調劑，除依《藥事法》有關規定辦理外，亦得經由修習中藥課程達適當標準之藥師為之；其標準由中央主管機關會同中央教育主管機關定之。

藥師得販賣或管理一定等級之醫療器材。

藥師的業務及責任

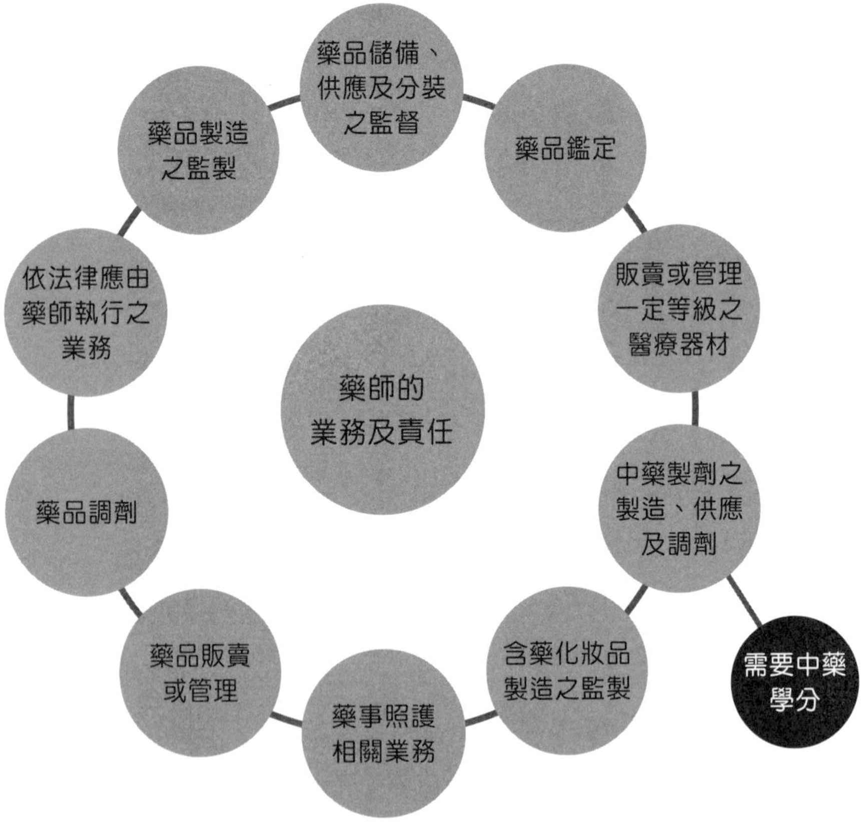
藥品儲備、供應及分裝之監督
藥品鑑定
販賣或管理一定等級之醫療器材
中藥製劑之製造、供應及調劑
需要中藥學分
含藥化妝品製造之監製
藥事照護相關業務
藥品販賣或管理
藥品調劑
依法律應由藥師執行之業務
藥品製造之監製
藥師的業務及責任

前項所稱一定等級之醫療器材之範圍及種類，由中央主管機關定之。

換句話說，藥品從研發、製作、上市、調劑、衛教到藥事照護都需要藥師；而與藥品相關的，例如：含藥化妝品、中藥、醫用氣體等也需要藥師介入。藥師必須背負用藥指導的責任，提供民眾用藥資訊，在社會上扮演藥品安全守護的角色。

台灣部分民眾有高就診的狀況，即一年看診可能高達一百次左右或超過一百五十次，因為看診次數多，使用和領取的藥品也多，所以有些藥師會負責關心這些民眾，並到府進行用藥指導，看看是否有出現特殊的用藥情況，並由藥師進行輔導。在新冠疫情期間，社區藥師更協助發放口罩、快篩及送藥到府，這也都是藥師的社會責任範圍。

我真的適合當藥師嗎？

想成為藥師除了取得執照外，我覺得個人特質會關係著未來的執業順利與否，有幾個藥師特質可以考量自己是否適合踏進這個行業。

1. **溝通技巧要好**：「會講話」及「能好好講話」是不同層級的，藥師是專業的工作，要針對民眾問題分析並確實回答，是需要磨練的，因此好的溝通技巧真的很重要。我常常到社區講課，有一次遇到一位民眾聽完課後，舉手發問，他說：「醫師說我有高血壓，有開藥給我，我都沒吃，但是我也沒怎樣啊！藥品一定要吃嗎？」

我回答：「治療看的不只是現在還包含未來，我們還會看三年或五年後的你，現在沒吃藥控制血壓，可能暫無大礙，但是血管和心臟一直處於高壓狀況，相信三年或五年後一定不是這樣了！當血管和心臟老了硬化後，想治療就晚了！」這樣的溝通技巧誠實地述敘了未來的情況，讓民眾思考看看，藥品還能不吃嗎？

2. **觀察力要具備**：有觀察力方能發現民眾的問題，我曾遇過一位前輩分享，他經營的社區藥局裡，有一位先生每個禮拜都會來購買止痛藥，前輩覺得很奇怪，怎麼會這麼頻繁需要使用止痛藥，於是關心一下先生，先生表示他常常肩頸痠痛和頭痛，需要靠止痛藥控制。前輩心裡懷疑可能是高血壓引起的不適，趕忙請先生量一下血壓，果不其然，收縮壓超過170mmHg，前輩請先生就醫治療，現在血壓況控制良好，也不需要依賴止痛藥了！

3. **細心謹慎**：藥品是不能出現錯誤的，因此有細心謹慎的特質會讓藥師生涯更加分喔！如果平時個性比較粗心大意的，要思考並調整一下，以免不小心犯錯就危險了。

4. **善解人意、體貼人心**：藥師會遇見各種形形色色的人，有焦急的媽媽、獨居的老年人、無法自理的人或是心裡有創傷的人等，無論哪一種人都需要善解人意、體貼人心的藥師，從不同角度給予關懷或是用藥指導，幫助各種族群學會正確用藥。

5. **富學習熱忱**：藥師是持續進修成長的工作，因此要有學習熱忱，能不斷精進自己的專業，持續累積自己的經驗和戰鬥力，會讓藥師工作更平順喔！

6. **熱愛藥師工作**：每個工作都有辛苦和不辛苦的時

候，也一定會有遇到挫折和打擊的時候，把每一次挫折當作成長的養分，從心裡喜歡這份工作，會讓你看起來隨時充滿活力，工作也會更得心應手。

有台灣藥師資格，可以到國外當藥師嗎？

台灣藥師資格是台灣自己認可的，一般來說國外不太會承認，通常需要額外取得該國家的藥師資格方可執行藥師業務。

但仍有不少國家認可台灣的藥學學歷，所以取得台灣學歷證明後，再依照該國家規定完成實習及藥師國考就可以了；目前澳門、香港等都承認台灣藥學學歷，因此也會遇到這些地方來就讀藥學系的學生。每個國家規定不同，建議還是要事先確認清楚比較有保障。

醫院、診所和藥局各有一番天地

藥師的責任和藥離不開關係，因此藥師的執業地點選擇性也多，醫院、診所、社區藥局、藥廠等都是藥師的執業範圍，我來分享一下這些工作地點的差異吧。

醫院給你最扎實的藥學訓練

醫院是學到最多藥學知識的地方。醫院藥師的工作爭分奪秒，才剛踏入藥局就可以聽到此起彼落的印表機聲音，志工或助理會將長長的藥袋撕下變成一份又一份，並將它們整理好，一疊一疊地，按照順序放在你面前；如果調劑動作太慢，就會看到你手邊的藥袋像細胞增生般越疊越高，越來越高。

在醫院工作有項優點，就是教育訓練比較完整：目前有二年期藥師訓練計畫，也就是在取得藥師執照的四年內，如果至醫院服務，醫院有義務進行訓練。

訓練必須按照規定安排訓練課程且受訓者需配合完成撰寫學習紀錄，因此初踏入醫院的藥師絕對得接受完整的訓練。只要在醫院待上兩年，對於藥品資訊、病人照護、藥物諮詢、化學治療藥物及臨床藥事服務等都會獲取一定的概念；如果醫院設有中醫部門，還能學習些中藥領域的內容……，「醫院」對於沒有經驗的藥師絕對是很適合的職場。

醫院藥師可大致分成兩種，一種是一般線上藥師，就是負責藥物調劑、藥物諮詢的業務，通常在門急診或住院藥局值班；因為醫院是二十四小時服務，因此一般線上藥師必須配合輪班。另一種是臨床藥師，負責比較深入的藥事服務，可能需要陪同醫師一起查住院病房，與醫師討論病患用藥。有時候，臨床藥師還得負責藥品濃度監測、藥物不良反應記錄等業務，服務內容不同於一般線上藥師，通常需要由臨床經驗豐富的藥師擔任。

醫院的藥品品項很多，在醫院服務期間不但可以認識很多藥品，從醫師的處方習慣中也能學習到藥品的使用，若再加上遇到的病患情況多，可謂是獲得藥學經驗很快的一個執業環境。

臨床藥師跟一般藥師有什麼不一樣？

臨床藥師一般分布在醫院裡面，台灣目前對於臨床藥師沒有認證機制，在醫院裡，臨床藥師與一般藥師的差異大多為工作內容不同。

通常臨床藥師的來源有三個：

1. 醫院科部培養：多半會先觀察科部內的藥師，若有比較主動、負責，且學習態度佳者比較有機會納入臨床藥師的培訓。我自己醫院的臨床藥師便是從一般藥師中擇選出來的，然後送到醫學中心進行臨床藥師培訓。

2. 從學歷上做挑選：六年制藥學系有比較深入的臨床藥學課程，且實習經驗也較為豐富，從六年制畢業的藥師亦是挑選來源之一；另外，從臨床藥學研究所進修畢業的藥師，因受過專業且完整的臨床訓練，也會是臨床藥師的條件之一！

3. 國外相關學系畢業：可以到國外取得藥學畢業，且具有藥師資格者，通常能力都是很優秀的；若有國外執業或學術研究的經驗更佳，是臨床藥師的人選之一。

一般藥師的工作內容是調劑、藥品管理、藥物諮詢等；臨床藥師則是更深入藥事服務，例如藥物治療監測（治療濃度狹窄的藥物，易產生藥物副作用，需由藥師追蹤）、藥物不良反應監視（藥品使用後，出現不想要的嚴重不良反應，須通報給政府，統一做安全性把關）、進階版的藥物諮詢服務（通常是由醫護人員提出，需要查文獻並整理資料），臨床藥師會負責比較不一樣的業務，但是調劑、審核處方等也都是必要的藥師職責。

診所專科化環境單純

診所在台灣是很常見的醫療機構，大部分都是專科制，例如：耳鼻喉科、眼科、家醫科、婦產科、小兒科等。診所的藥品品項與醫院相比下少了很多，管理上較為容易，但對於剛踏入職場的藥師來說，在認識藥品的學習上就減少很多機會了。

診所環境比較單純，班別也簡單，且非二十四小時服務，一般診所大概是早上、下午及晚上的門診。休息時間也視醫師的排診狀況而定，週日休診比較多，對於喜歡穩定班別的人是非常適合的工作地點；一般診所藥師人力較少，訂貨、上架、藥品管理等，須自行負責，不像醫院是分工合作的。

再者，診所也會因為專科不同，而工作內容有差別，例如：

小兒科和耳鼻喉科常會需要磨粉；皮膚科和眼科藥品比較單純，給藥膏或藥水就好；家醫科、內科藥品品項會比較多一點，因此在選擇時還是可以多比較比較。

診所專科化，接觸到的藥品和諮詢也比較偏向專科，長期下來對其他科的用藥便會稍為陌生一些，初踏入職場的藥師可以考慮先到其他地方轉轉後再到診所就職。

為什麼診所跟藥局要分開呢？

台灣有一個很奇妙的景象，就是在診所看診後，需要到診所旁邊的藥局領藥，為什麼不在診所內的藥局領藥就好？這些與診所相鄰的藥局，有什麼不同呢？

這類藥局一般可分為兩種，分別是「門前藥局」與「合作藥局」。門前藥局的出資者大多是醫師，醫師聘請負責藥師在門前藥局服務，由醫師開立處方箋，釋出到門前藥局去，這種藥局大多只接受該診所的處方箋，釋出的處方在健保補助的收益會比較多，因此鬧的沸沸揚揚，政府正視此問題調整基層診所門診診察費及藥事服務費部分給付標準，並鼓勵由病人自行選擇調劑場所。

合作藥局指的是診所內不聘請藥師調劑，醫師不必擔心藥師人力及藥品管理問題，而是與附近的社區藥局合作，將處方直接釋出到合作的社區藥局去，這種合作藥局可同時接收多家診所的處方箋，藥師即為該藥局的老闆，由社區藥局藥師負責調劑藥品，這種藥局除了接收處方箋外，還會販售保健食品及一般用品等。

社區藥局全方位的長期照護

社區藥局的藥師除了需要調劑處方（與其他診所合作的處方箋或接受慢性病連續處方箋）外，還得負責指示藥品及保健品的銷售業務。社區藥局藥師的服務大多有地域性，對於在地的社區絕對是很重要的存在，更可以在社區中發展長期照護，照顧當地居民的健康。

因為社區藥局的專業特性，且設點普及，因此政府在新冠疫情流行期間，才會委託社區藥局進行口罩發放、快篩及送藥到府的業務，由專業人員進行衛教及管理。台灣疫情期間真的可見社區藥局重要性。

社區藥局的藥師除了可受僱外，還可以自己經營。如果在社區擔任藥師累積了一定經驗後，便可開設藥局，可算是得以長久經營的事業。

由於服務內容非常廣泛，有些社區藥局甚至銷售起婦嬰用品、奶粉等，因此除了必須具備藥品知識外，還要具備保健、健康概念，宣導健康理念給民眾，可謂是很全面性的藥師。

藥局都是藥師開的嗎？

根據《藥事法》規定，藥局必須由藥師或藥劑生親自主持，並負責調劑藥品、銷售藥品與一定等級內的醫療器材。因此在申請藥局執照時，需有一位負責的藥師才行。如果不執行調劑業務，可以申請藥商執照。藥商就像一般的藥妝店，可以銷售藥品，但無法調劑藥品，需聘請藥師或藥劑生管理，且必須同時成立公司行號進行經營。

換句話說，藥局需由藥師親自服務經營；藥師可以自行出資經營藥局，也可以由投資者提供資金，該負責藥師領出資者給的薪水，藥師負責處理藥局的業務，但並非老闆的角色。

新冠肺炎疫情之後，台灣新增約一千間藥局，許多年輕藥師紛紛投入藥局經營的行列，也為地方社區建立了良好的健康醫療芳鄰。

藥師可以直接開藥給我嗎？我可以直接拿藥袋跟藥師買藥嗎？

藥師能做什麼是有法律規定的，在《藥師法》第三條業務及責任中，提到藥師的工作內容並明確說明藥師的業務，藥師可以進行藥品販賣或管理、藥品調劑、藥品鑑定、藥品及含藥化粧品製造之監製，另外藥品儲備、供應及分裝之監督也屬於藥師的責任範圍。藥事照護相關業務及法律載明應由藥師執行之業務也同樣屬於藥師責任。中藥及醫療器材依規定可由藥師管理。

《藥師法》裡面提到的「藥品調劑」和台灣的藥品分

級制度有關，藥品分級將藥品依照性質分類，並規定醫師和藥師在這些藥品的責任範圍內。處方藥必須由醫師診斷後開立藥品，由藥師依醫師的處方箋調劑藥品給患者服用。這類藥品如果沒有處方箋，藥師是不能任意調配的，在《藥事法》第50條第1項規定：「需由醫師處方之藥品，非經醫師處方，不得調劑供應。」若藥師未依據醫師處方箋擅自調配販售處方藥，經查證屬實後，會依據違反《藥事法》第50條第1項規定，處新臺幣3萬元以上15萬元以下罰鍰。換句話說，民眾若持有醫師處方箋，除了在原醫療院所取藥外，還可以到社區藥局由藥師進行藥品調配。

在《藥師法》中，藥師沒有「開藥」的權限喔！

如果是比較輕微的症狀，藥師可以用「醫師、藥師（藥劑生）指示藥品」提供給民眾使用，這類藥品可以不需醫師開立處方箋，只要醫師或藥師經過評估症狀並給予指示，就可以使用。常見藥品如綜合感冒藥、胃腸藥和皮膚外用製劑等。另外，藥師也可以使用中華藥典、國民處方選輯之處方進行調劑。

不只醫院和藥局，還有其他選擇

藥廠有專業、多元的服務性工作

藥品的研發、製作、生產及上市推廣等，都需要藥廠來執行。藥廠的藥師可以負責研發、品管、學術藥師、銷售等業務。

學術藥師？是的，你沒看錯。藥廠中有一種職位叫「學術藥師」，就是專門負責藥廠的學術相關工作，內容偏向教育訓練及藥品資料整理分析等，例如：藥品與其他同類藥物的比較、與競爭藥物相較的優勢，還得閱讀及整理新的醫療文獻、藥品推廣資料的製作等。此外，尚需要會統計，具備製作簡報及整理的能力。

當然，最重要的是，學術藥師需要到醫療院所進行藥品介紹，所以具備演說及處理現場提問的能力可是非常重要的。

除了學術藥師外，也可以進入業務部門，這裡主要是推銷藥品或藥廠的商品，因為藥品或其他相關產品可能會銷售到不同通路，例如：醫院、診所或藥局等，所以負責的業務也不相同。業務主要是服務性質，因此與顧客保持良好關係及妥善的售後服務都是必要的。如果個性比較活潑，喜歡與人打交道，藥廠業務也算是很有挑戰性的工作。

中藥也需藥師調配

現今，很多人喜歡用中藥來保養身體或治療疾病，中藥亦屬於藥品的一種，因此調配也需要由藥師來操作。

平時常見的中藥有：科學中藥、飲片、藥丸等，醫院或診所等地方若有調配中藥，就必須由藥師進行調劑業務。當然，藥師也能在中藥藥廠裡服務，對於中藥有興趣的藥師，這領域也是目前一門可以發展的行業。

傳承培育未來藥學教育的種子

教育及培育未來藥師的播種者，需要由藥師自己來負責；

擔任學校藥學系老師、藥師國考補習班等教育機構的講師，可讓藥師承接起教育的角色。這種教育性質的工作必須有一定的學歷或經驗，因此如果對於教育有興趣者，可以提早往這個方向做準備。

醫用氣體的藥師專業

「醫用氣體是藥品，需要藥師管理」。醫用氧氣、醫用二氧化碳及醫用氧化亞氮均屬於藥品，其中二氧化碳及氧化亞氮為醫師處方藥；氧氣以瓶裝容量超過十公升或十公升（含）以下為區隔，分別列為醫師處方藥（超過十公升）或藥師藥劑師指示藥（十公升（含）以下）。

凡有生產醫用氧氣、醫用二氧化碳及醫用氧化亞氮的氣體廠，需聘任藥師進行醫用氣體的管理。有使用醫用氣體的醫療院也必須按照規定，由藥師來進行管理。

具有藥師資格，你的出路是什麼？

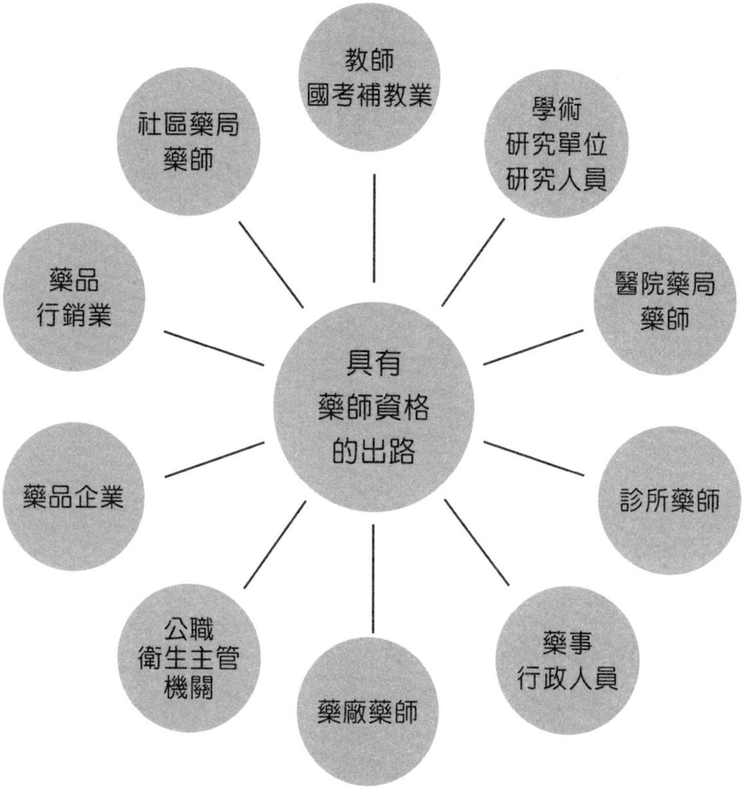

藥師也可成為斜槓王！

自大學藥學系畢業後，比較單純的進修方式便是在國內或國外攻讀碩博士，提升藥學專業上的學識。而藥師除了本身的藥學學歷外，還有很多可以繼續發展的專業，大部分可分成兩類，一類是找與藥學相關的，例如：醫療管理等；如果是在藥局執業，可能會有兼售美妝品、營養保健品等需要，可以進修美容、營養等，因此進修這些專業，可以幫助自己在提供服務

時更具專業性。

另一類則是選擇自己感興趣的，例如：音樂、舞蹈、美術等，這些與自己的工作並不相關，僅僅是在自己喜歡、不同領域上進行發展，當然也有可能獲得很好的成績。現在蠻多藥師會斜槓發展，例如到學校擔任兼任教師分享藥學經驗、撰寫書籍成為作家，分享執業心得，或成為部落客等都很熱門。不需局限太多，只要穩定發揮並持續成長，確實會有蠻多成功案例的。

除了藥師證照外，考取不同證照也能讓自己的未來發展加分，例如：美容師、糖尿病衛教師、氣喘衛教師、戒菸衛教師等，這些領域與藥師息息相關，平時執業均可以運用，是很適合藥師額外擁有的證照。

藥師身邊必備物品

每份工作都有事先要準備好的物品，例如：計程車司機必須擁有或租有一台汽車，電腦工程師就必須有工作用電腦。因此，成為藥師後，有些工作必備用品可以讓你作業更順暢，讓工作更上手喔！

1. **藥師袍**：白袍象徵醫療人員，穿上它會讓藥師看起來更具專業性，也容易讓民眾辨別出我們的身分。

2. **剪刀**：調劑時，藥片常常需要裁剪；擁有一把好用的剪刀會讓調劑更便利。

3. **釘書機**：調劑好藥品後，必須把藥品裝釘好，因此釘書機成為必備用品，以一位藥師的調劑量每天八十張來說，每一天至少必須使用八十次釘書機，因此準備好一支好用的釘書機是很必要的。

4. **三角數藥盤**：利用三角形數的原理，將要調劑的藥品適量倒入盤中，把藥品排列整齊，就可以輕鬆知道盤中藥品數量啦！例如：6 排是 21 顆，10 排是 55

顆。三角數藥盤可以減少數藥粒的時間，是藥師很常使用的工具。

5. **工具書**：藥師常常需要查詢資料，因此各種工具書都要準備好。我個人喜歡購買各種工具書，閱讀完後會把重點記錄在上面，累積下來就會變成重要的資產。

6. **手機軟體**：除了工具書之外，藥學資料庫更是藥師必備的查詢資料源頭。因為手機和網路的便利性，越來越多人習慣用網路查詢。除了網站外，許多資料庫也建立起APP，建議大家可以在手機或電腦上加裝重要的資料庫或網站，以便在緊急查找時不會手忙腳亂。

藥師其實也有職災

還記得會有個知名的止痛藥廣告，內容就是醫師頭痛時會使用止痛藥來緩解。其實，醫療人員和一般人一樣都會有職業傷害，因此若能先預防或緩解身體不舒服，便可避免變成職業病。

1. **泌尿道感染**：有時在醫院調劑時，會突遇大淹水，就是藥袋一疊一疊堆得極高，幾乎快疊到房頂了，這時候藥師往往會為了增快調劑速度而憋尿，長期累積下來就容易生成泌尿道感染。一旦發生泌尿道感染就會很不舒服，因此飲用適量水分並確實如廁是很重要的。

2. **頭痛**：藥師調劑時，不僅得先審核處方、確認正確性外，還要同時應付民眾現場及電話諮詢；一忙起來容易感覺頭痛，在多重壓力下，若沒有即時緩解就會被頭痛包圍。所以，適時的深呼吸或放鬆能讓情緒緩和，必要時按壓太陽穴也可讓緊繃的頭腦放鬆。

3.**消化不良**：有時候用餐時間仍會有民眾需要服務，無法安心用餐是常有的事，或是用餐時間緊湊，只能急急忙忙、狼吞虎嚥，根本沒辦法好好消化，反而讓腸胃備感壓力，造成消化不良的情況。最好找個可以安心用餐的環境，於用餐時間安排人力輪流值班和休息，讓腸胃道可適度休息。

4.**腳底筋膜炎**：藥師調劑可能一站就是一整天，長期下來對於腳的壓力很大，若再加上姿勢不良，恐怕只會讓腳底更不舒服，因此腳底筋膜炎也是令藥師困擾的一項職業傷害，購買一雙舒適的好鞋是很重要的改善方法。

5. **腰酸背痛**：藥品多半會擺放在調劑架上或是抽屜中，因此調劑時需要彎腰和抬手，有會更需要到其他地方去取藥，一整天走來走去，累積下來後很容易感到腰酸背痛，所以適當的放鬆和舒緩對藥師而言很具必要性。

第 2 章

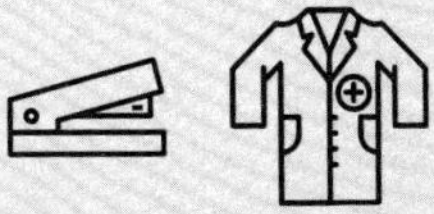

初入社會的菜鳥藥師

藥師之路出師未捷

考取藥師執照後，我的第一份工作是在診所。診所當時是剛開幕不久的內科診所，因為是第一份工作，我很努力的想學習和表現，希望可以真的把在校所學全運用在民眾身上。

新開幕的診所病人不多，整天的空閒時間很多，診所裡的醫師和護理人員感情很好，多半是前一份工作便在一起奮鬥的同事了，彼此之間很熟識，常常打打鬧鬧；但讓我大開眼界的是，我曾不只一次看到護理人員和醫師摟摟抱抱在嬉鬧！看到這一幕，我無法淡定了，實在接受不了。其他同事見我驚嚇不已，就告訴我：這只是很熟的同事間開玩笑的舉動，千萬不要放在心上。

當時我年紀很小也沒有任何工作經驗，我天真以為出社會工作就是這樣。事情發生沒多久，我實在覺得自己無法承受，適應不了這種工作模式，不到一個月就離開了。

離開後，我開始對診所產生些許排斥，心想是不是因為診所編制人員較少的關係，才會出現這種狀況。考量自己個性比較活潑，也喜歡與人打交道，遂一心想往藥局發展看看。

後來，我進入百貨公司的連鎖藥局，藥局銷售比較偏向保健食品和保養品，藥品的種類反而較少，也不需要調劑。這裡來客數蠻少的，有時候一天只有寥寥幾個人，偏偏有業績壓力，不太容易生存，最後因為藥師執照費用遲遲領不到，只好離開了。

百貨公司的藥局和社區藥局差異蠻大的；百貨藥局偏向逛街順便購買，疾病需求較少，也沒有處方箋可調劑；社區藥局則偏地區性，可以照顧社區中的家庭，也能當家庭藥師，相對處方調劑多，與附近民眾關係會比較親密。

我個人比較傾向社區藥局的模式。但聽學長姐分享過，到社區藥局前有在醫院工作的經驗較佳，即如果有兩年在醫院工作經驗者就可以當藥局的負責藥師，於是我當下決定先到醫院學習，兩年後就可以再到社區藥局就業。

就這樣我踏入了醫院的執業旅程。

醫師，字好好寫行嗎？

第一家工作的醫院在南高雄，我搭乘公車上下班，這間醫院很特別，有點像是大一點的診所，處方箋是醫師手寫，再由藥師負責把處方箋內容 key 入電腦中。

早上有兩位醫師同時看診，看診速度很快，因此護理人員不停歇地送手寫處方到藥局給我。第一天上班我很難適應，畢竟沒有什麼工作經驗，加上醫師字體過於潦草，我實在很難辨認手寫處方，深怕搞錯藥品，因此有很深的挫折感。

第一天工作由一個學姐負責帶我，但她說，她帶我一天後就會離開囉。也就是說我只有一天的學習時間，然後就要自己獨立作業。礙於醫院工作人員很多，我不好意思直接開口詢問學姐，「這裡到底好不好？」一直到下午，學姐帶我去藥庫學習藥品訂藥流程；趁著只有我和學姐兩個人獨處，我怯生生小聲地詢問：「學姐，這裡的工作好嗎？」學姐聽到，趕快用手指摀住嘴巴，意思是要我不要再問了，並用手指了指四周的環境，我頓時了解到這裡可能有錄音相關設備！我瞪大眼睛很吃驚地看著學姐，學姐看向我，然後很肯定地搖搖頭，我馬上了解了她的意思，當天沒領薪水就離開了。

不是吧，找工作怎麼會這麼難啊？連續三個工作都不如意，是我對藥師工作想得太美好了嗎？還是，我根本不適合當藥師？我開始感到焦慮，也漸漸地失去了信心。

媽媽對我說：「大醫院應該會比較好吧？要學習也要到大醫院去啊！」我想想媽媽說的話確實頗有道理的，於是立志前往大一點的醫院。

踏入醫院環境開始，我看見了不同的人事物，這些經歷也讓我學會當一名藥師，也真正奉獻出所學；這些人教會我許多事，讓我的藥師生涯中畫上了無數顆星星。

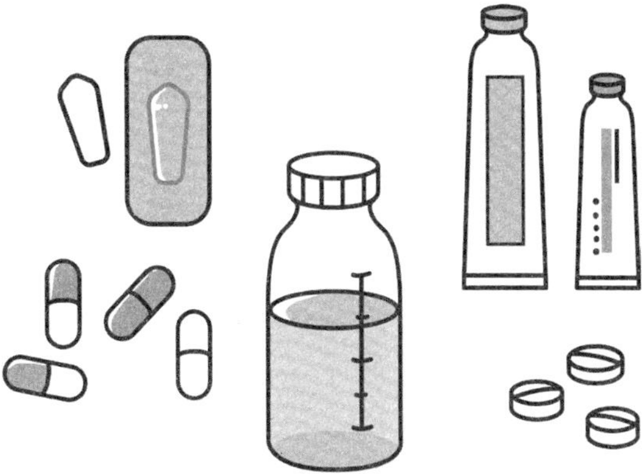

醫院藥師工作初體驗

就這樣我踏入南台灣的一間中型醫院，院長曾在日本接受教育，除了是名婦產科名醫外，還是著名的畫家，正因為如此，我開始喜歡上這間有著濃厚日式藝術感的醫院。

醫院環境和之前的工作環境截然不同，每一天都會聽到印表機唧～唧～唧～唧印個不停的聲音。醫院藥師的工作就是和時間賽跑，印表機一邊印，藥師手上的藥袋一邊調劑；如果調劑速度夠快，藥袋看著就不會累積、堆疊成高塔；反之，如果調劑太慢，藥袋就會堆得和塔一樣高。不僅如此，藥局外的病人也會不斷地把藥局包圍起來。整個人山人海！光是人潮的壓力，就會讓你的手無法停下來，所以我一開始都不敢多喝水，怕經常跑廁所，耽誤調劑時間。

儘管中型醫院僅有大約七百到九百種藥品，但對於一位剛執業的藥師來說，要在短時間認識所有藥品仍舊很困難。儘管已經取得藥師執照，但調劑時看見手上的藥品和用法還是會感到陌生，忙碌起來腦中根本沒時間好好思考每一張處方，更別說要找出處方上的異常了。看到學長姐可以輕鬆地發現處方問題，並從容不迫地打電話給醫師，我實在心生佩服，也一直期待自己能夠有這麼一天。

醫院藥師的工作其實很固定；一般調劑藥師的工作就是調劑、發藥及衛教，有時加上中午得幫忙調劑住院病人的藥車，一整天忙碌下來時間過得很快，常常一晃眼就到下班時間了。為了快速了解醫院藥品，我像實習那樣每天蒐集藥品說明書，依照口服、外用、針劑等分類模式做了好幾本藥品說明書。除此之外，學長姐還會想方設法幫我蒐集到不易拿到的說明書，我那時候不僅養成閱讀說明書的習慣，並常閱讀藥學雜誌的藥品文章；遇到分析很棒的表格，便剪下來或自己再記錄下重點；眼看醫院發的院內藥品手冊被我貼滿重點，藥局的同事笑稱這絕對是難得一見的葵花寶典。

每天帶著葵花寶典、充滿期待地到醫院上班，哪怕日日疲憊不堪，仍然很充實。

藥師的一天都在做什麼？

藥師從上班的第一聲打卡聲開啟忙碌的一天。

以我在醫院藥局服務為例，上班開始就是門診開始的時候，藥局印表機就會開始印個不停，整個藥局的節奏就會突然變得很緊湊。在大型醫院裡，一個早上可能就有幾千張處方，藥師要走動取藥，還要用腦評估藥品，面對電話及現場諮詢，整體作業都繃緊神經！

在藥品優良調劑作業準裡面有說明，藥事人員受理處方後，應確認處方之合法性、完整性及期限有效性。確認處方應包括：

一、病人姓名、年齡、性別及病名。

二、處方醫師姓名、其簽名或蓋章，所屬醫療機構名稱地址及電話；其為管制藥品者，管制藥品使用執照號碼。

三、藥品之名稱、劑型及單位含量。

四、藥品數量或重量。

五、劑量及用藥指示。

六、開立處方日期。

七、連續處方指示。

前項第七款所稱連續處方指示，包括連續處方之調劑次數及時間間隔。

除此之外，藥事人員於調劑時應對處方用藥做適當性評估，包括病人是否會對處方上的藥品過敏、用藥目的、劑量及頻次（小兒、老年人、肝腎功能不良者之劑量調整）、劑型與給藥途徑（特殊劑型，不能剝半磨粉）、療程、目前所有用藥是否有重複給藥及交互作用情形等。

再者，空檔大多用來補藥和製作預包＊。此外，也常用來處理行政業務，因此很少有可以完全休息的時間。藥師要每天盤點管制藥品，管制藥品帳目必須相符，加上1～3級管制藥品需逐筆登記，因此藥師要每日確認正確性。藥局通常會有藥品保存冰箱，按照保存規定：冷藏冰箱需維持在 2 ~ 8 度，所以藥師每日必須確認冰箱溫度是否正常；藥局還有規定溼度監測，溼度太高會導致藥品保存不良，這些作業都是日日不可少的行政業務。

*預包是指把常用的藥品先準備好，例如用自動包藥機的機器將藥丸數成一定數量，這種預包可以加快調劑速度，降低藥師數藥耗費的時間。

為什麼領藥都要等這麼久？

「你們不就是包包藥而已？把藥放進去藥袋這麼簡單，為什麼還要等這麼久？」

「計程車已經在外面等了，領藥可以快一點嗎？」

有時候在忙碌時，難免會聽到民眾的不耐煩抱怨！

在醫院裡面，病人掛號後，會先到診間等候看診，看診時可能會安排檢查，需要在檢查室或檢驗科等待，檢查後再回到診間看報告，醫師開完處方箋後，病人等候批價，最後一站才是至藥局領藥。往往從掛號到看診，再到批價結束，這個流程需要1～2小時，甚至更長的時間。因此民眾到藥局時，都會希望快快拿藥後離開！相對地，最後一個關卡的藥師就得承受較大的壓力，需要動作快，不能出錯，還得要在短短時間內判讀醫師處方。不是每個病人都需要安排檢查，但幾乎每個病人都會帶藥離開，因此藥局的工作量是很嚇人的。

這也就是為什麼領藥要等候的原因了，通常調劑量會配置適量的藥師服務，但是在遇到門診量很大的時候或是藥師人力不足的情況下，難免需要等待一下藥品，因此建議民眾如果趕時間的話，當天沒有領藥是沒關係的，處方箋藥品會保留三天，三天內持處方箋及身分證件來領都是可以的，請給藥師一些作業的時間，拿到評估完整的藥品才是最重要的事！

社區藥局的藥師除了調劑處方外，還要銷售產品、訂貨和上架等，工作的內容與醫院藥師有點不同，但也都是圍繞著藥品安全的考量上運作。

藥師的一天會在刷卡下班後獲得解脫，也是身上壓力釋放鬆一口氣的時候，邁著輕快腳步下班，明天又是藥局一尾活龍啦！

三讀五對不可忘

自從開始到醫院服務，自己就可算是一名帶有執照的藥師了，和念書時的學生身分早已經完全不一樣了。所以，不能再乾等著學長姐來教妳，而是要自己主動學習。

在人眾多的執業環境中，「小學妹的學習表現好與不好」常是學長姐茶餘飯後的話題。和我同期進來的一位同事，外表看起來灑脫，他只比我早兩個禮拜進入醫院，個性比較迷糊，常常忘東忘西，所以我偶爾都會「不小心」聽到學長姐在議論他。

「已經教過給藥的時間點怎麼算了，你怎麼又給錯數量？」

「已經來了兩個禮拜了，調劑速度怎麼還是一樣慢！」

「已經教過很多次了，藥品怎麼還是點錯？」

我看著似晚娘面容的學姐板著臉說著，心裡不禁一陣顫抖，「該不會我也是他們茶餘飯後的話題吧！」

剛進醫院的時候，藥局新進人員除了灑脫藥師外，就只有我了，我倆和前面的學長姐資歷差了快兩年以上，眼看著身邊的學長姐對藥局作業非常熟悉，彼此也共事已久，感情都很好，相較之下我和灑脫藥師就有點像似局外人了。

有一天我和灑脫藥師聊天，一起分享初來乍到的緊張，才發現新人心裡原來都有懼怕的學長姐，也有委屈的無奈。果然有些事只有新人才懂，於是藥局有了菜鳥藥師二人組團體，我們彼此作伴，有些心裡話終於也有人可以商量了。

從今以後，我們可以互相提醒，避免犯錯，也能共同成長。

記得有次，菜鳥藥師不小心把病人的藥給少了，病人應該配給五十六顆，卻誤給成了十四顆，病人看見藥品數量不足，打電話來詢問，這才發現藥品少給。趕快跟病人道歉，並約定時間更換，將藥送至病人家。

我和菜鳥藥師齊去病人家，剛到門口，就聽見裡面的人說：「調劑不是要三讀五對嗎？如果有三讀五對，怎麼會少給藥呢？」我們趕忙低頭道歉，並真心承認錯誤，的確沒有做好三讀五對，實在無話可說。

把藥品更換後，菜鳥藥師幾乎腿軟，覺得太可怕了；我一邊攙扶著他，一邊說一定要將這個教訓銘記在心：「病人雖然生氣，口氣不好，但的確是我們不對」，病人有生氣的權利，唯有我們自己做得更好，才是最應該的事，趁這個機會長記性，之後也要互相提醒絕不再犯。

三讀五對是什麼呢？

三讀五對是藥師在調劑及發放藥物給病人時，為了避免給藥錯誤，而訂定的執行程序。以用藥安全為原則，透過數次的反覆核對機制，減少人為疏失。

「三讀」是指在以下調劑過程，都要完整讀出藥品名稱，避免給藥失誤：

1. 由藥櫃（架）取出藥品時
2. 由藥盒（罐）中取出藥品時
3. 將藥盒（罐）放回藥櫃（架）時

「五對」是指給藥時，需確認的相關資訊：

1. 病人對（病人資料）。
2. 藥物對（藥品內容）。
3. 時間對（服用時間）。
4. 劑量對（藥物劑量）。
5. 途徑對（給藥途徑）。

第一張異常處方

調劑久了對處方會熟悉很多，有一天我看到一張感覺奇怪的處方，病人掛骨科的診，醫師卻開出 ketotifen。ketotifen 是用於治療氣喘、過敏性鼻炎、蕁麻疹、皮膚炎、皮膚搔癢等狀況的；印象中骨科都是開立 ketorolac 居多，ketorolac 用在消炎、鎮痛，較符合骨科適應症。

我緊張的詢問學長姐，這張處方算不算異常處方？學長姐建議我打電話跟醫師確認。這可是我第一次打電話給醫師，超級緊張，握住話筒的手顫抖不停，連藥品發音都說不清楚，醫師都快笑出聲來了，終於在我結結巴巴的詢問之下，醫師確定他要開的是 ketorolac，不是 ketotifen。

我緊張地掛斷電話後，藥局內瞬間響起了掌聲，學長姐們恭喜我長大了，不僅可以找出異常處方，並能跟醫師確認處方內容。這時候，我突然發現自己好像真的變得不一樣了，離藥師小白遠了一點，且似乎離心目中的藥師又更近了一步。

培養成一個可以獨當一面的藥師需要累積許多經驗，從學校銜接到職場更需要經過許多磨練，我在醫院服務的期間，從許多人事物學到寶貴的經驗，這些經歷也會成為我成長中的養分，讓我逐漸茁壯。

處方
藥袋
藥袋

菜鳥藥師的無助

我哭了！

我一個人躲在醫院的女生廁所裡面，不敢哭出聲地默默流下眼淚。

為什麼會哭呢？因為我被一個病人投訴了。投訴的理由是，我給了他一瓶快過期的藥品，然後病人很生氣，他覺得這是最基本的藥品管理，我們居然沒有做好！

病人覺得因我是調劑藥師，所以就直接向醫院投訴我！這是我剛到醫院服務半年的時候，一開始我有點不太能夠接受，因為事件的發生原因，連我自己也覺得很驚訝。

事情是這樣的，有一天我調配了一瓶鼻噴劑，這是從調劑台的架上拿取下來後放入藥袋裡，結果病人拿回家後發現藥品剩一個月就要過期了，可能用完藥品剛好到期，病人覺得怎麼可能有效期這麼剛剛好？一定是管理不當，所以非常憤怒地到醫院投訴。

得知這件事情的時候，我覺得非常驚訝，因為放在調劑台架上的藥品一般不會有效期這麼短的情況出現（短效期的藥品，醫院平時就會進行盤點，然後退回藥庫。）病人來的時候情緒非常激動，我根本還搞不清楚怎麼回事，加上那時候也不知道怎麼處理，只能默默地被病人臭罵一頓；我一直跟他道歉，畢竟這瓶短效期藥品確實是從我手中調劑出去的。

無奈的是，病人堅持要跟醫院投訴，我深怕自己會因此被記過，那時覺得自己很委屈又不知道該怎麼處理，只好躲在廁所裡面一個人哭泣。

等到自己略為冷靜一點後，我回到藥局，聽學長姐說這個鼻噴劑平時極少使用，盤點時曾在角落發現效期快過了的事實，已準備要退給藥庫處理，但不知道為什麼又被擺回架上；我很碰巧地剛好調劑到，才發生這起烏龍事件。

學長姐知道我的委屈，覺得對我很抱歉，我紅著眼眶看見他們滿臉的擔心我，心裡頓時也覺得好像沒這麼委屈了。回家好好檢討後，真心覺得其實這次自己是有疏失的，調劑極少用的藥品，應該再多看一眼保存期限才是，畢竟交付給病人正確的藥品才是藥師應有的行為！

感謝醫院願意再給我一次機會，我沒有被記過。但經過這件事情，也讓我體會到對病人而言藥品效期若不足的話，的確是一個很嚴重的疏失；也因為這次的經驗，我一直告訴自己日後工作必要謹慎、留意，絕對不能再發生這樣的事情。我應該更留心且妥善確認藥品的安全性跟效期，因為每一個給民眾的藥品都不容許有任何的疏失！

藥師，回去多念一點書好嗎？

學妹一臉委屈地跟我說：「學姊，我剛剛被醫師掛電話了！」

「啊！醫師怎麼會掛你電話？發生什麼事了？」

「這張處方感覺怪怪的，幾經思考之後，我覺得還是跟醫師確認一下比較安心！於是，我打電話到診間跟醫師確認，藥品是不是真的要這樣用？」

醫師聽完後就說：「這個問題還需要確認嗎？藥師！回去多念一點書好嗎？」然後，就氣沖沖地掛電話了。

「我只是想確認清楚，擔心處方有問題而已。」學妹委屈地陳述著過程。

呃！我輕聲默默地安慰學妹，希望學妹不要因此受挫灰心。

藥師的工作是需要隨時 upgrade 的，因為醫療資訊一直在刷新，最新的治療指引也會陸續創新，加上實證醫學當道，新的證據和研究會更新、重整，因此藥師是需要不斷持續進修的。

依照〈醫事人員執業登記及繼續教育辦法〉規定，藥師每六年需修習一百二十學分，其中專業課程至少九十六學分，上限一〇八學分；專業品質、專業倫理、專業相關法規總和至少十二學分，最多二十四學分（需含感染管制及性別議題各一堂課），如果學分數未達一百二十學分是不得更新執業執照的。

學分的要求主要是希望藥師在執業時也能持續精進自己，掌握醫療發展和治療動態，醫師的回應雖然太不友善，但也提醒了我們要時時跟上新的治療模式，讓民眾享有更優質的醫療照護。

我也曾遇過一個民眾來詢問藥品問題，因為資料需要搜尋，暫請民眾稍等一下，民眾聽完就不耐煩地說：「唉～算了算了，不用查了，我問醫生就好！」看著民眾離去的背影，我實在有些傷心，感覺自己好像沒有達到民眾的期待，只能要求自己多大補特補醫藥資訊，並在搜尋資料上更熟悉、更快速一點，平時也多涉獵醫藥相關新聞，讓自己隨時處於 upgrade 的狀態。

現在我常跟新進藥師和實習生分享，固定養成看醫藥新聞的習慣，多追蹤政府的資訊，優質前輩的社群媒體也不可錯過，好的資訊一律開啟小鈴鐺追蹤起來，這樣一來就不會 miss 太多新知，也是一種不斷學習的方式！

藥物諮詢務必說明清楚

我一輩子都不會忘記，那一天真是嚇死我了。

那時，我剛剛被主任調去負責藥物諮詢的職務，那天來了一位婦人詢問陰道賀爾蒙藥膏的使用方法，我從未遇過這藥品的諮詢，對這藥品的使用也不清楚，於是請婦人先坐下稍等片刻，自己趕緊到網上搜尋一下使用方法。

看完使用方法後，我跟婦人解釋藥膏的使用。當時自己的藥物諮詢經驗太少，因此在說明的時候沒有講得很清楚，待婦人離開後，我又認真地研究了藥品使用方式，覺得先前應該可以說明得更好才是；加上我自覺正被賦予藥物諮詢這極為重要的工作，一心想要展現出藥師的專業，於是打算重新再講解一次，我查詢了病人的連絡電話，想透過電話跟她說明清楚。

滿懷期待地撥打病人手機號碼，話筒裡傳來嘟嘟聲，「什麼！空號！」一聽到空號後，我變得好緊張，想說我都還沒解釋清楚，怎麼就遇到空號呢？

越想越緊張，不行！不行！我一定要找到她，我要再說明一次才能放心。還好病人的資料裡有家用電話號碼，我趕快撥電話到家裡，響了很久都無人接聽。就這樣我從中午撥到下午，直到快下班時，已經撥了近二十通電話了。

回到家後，我仍耿耿於懷，覺得若是因為我沒說明清楚，導致病人藥物使用上出現錯誤，我實在愧對藥師職責了。於是我在家中仍持續不間斷地撥打電話給病人，終於在晚上十點多，電話接通了！

「您好，我是今天教您用藥的藥師，您還記得嗎？我覺得今天講得不太好，怕您使用上遇到困難，一直想跟您連絡，再說明一次用法。」

「原來是妳啊！我離開醫院後就直接去上班了，剛剛洗完澡後有使用了，我重複一下用法，妳聽看看對不對？」

「好」，聽完病人的複述之後，我鬆了一口氣，看來病人的使用正確無誤。

道聲晚安後，我輕輕放下話筒，也放下心中的大石，躺在床上，我思考著身為藥物諮詢藥師的重要性：一定要傳達正確的資訊，一旦沒有經驗或沒把握，要多次確認正確才能進行衛教。今天已經是幸運的了，雖然找了很久才連絡上病人，但我盡了職責；如果病人留的聯絡方式都是失聯的，我豈不是失去再跟她衛教的機會了。

這個故事在我每一次帶新進藥師或實習生時，我都會拿出來說一次。我想讓他們知道，藥師工作的責任有多重，我也會將這件事刻在心裡，永遠提醒我！

醫藥攜手合作，成就三贏局面

有一次遇到一位老先生來藥物諮詢，老先生因為前列腺癌的關係，目前正施打前列腺癌的針劑治療中。諮詢過程中老先生提到，打針後會覺得頭痛不適，有時候還會伴隨嘔吐、視覺改變，不知道這樣是不是正常的？

查詢相關資料之後，發現曾有案例出現，施打前列腺癌的針劑後出現發生腦下垂體中風（pituitary apoplexy）的罕見報告。這種情況常發生在給第一劑針劑的兩週內或是在給藥後的一小時內。腦下垂體中風的症狀和老先生敘述的頗為相似，一樣有突發性頭痛、嘔吐、視覺變化、精神狀態改變等，嚴重時可能出現心血管衰竭。我跟老先生回覆，可能是藥品引起的不良反應，建議他立即回診找醫師處理！

老先生離開後，我越想越不對勁，雖然是罕見病例，覺得還是應該儘快通知主治醫師才行。於是我撥電話給主治醫師，告知他這位病人的情況，希望醫師可以確認一下是否需要盡快處置？

醫師聽完之後，表示很感謝我的提醒，並應諾病人回診時他會加強確認，需要時會調整用藥。

某日，老先生又來藥物諮詢，老先生一看到我就說：「藥師小姐，真感謝你，上次好家在有問你，醫師這次有幫我換藥了！現在頭也不會痛了，你人真好，真有心～～」

聽完之後，我也覺得好開心，身為醫療人員看著病人為病痛折磨，心裡也十分不捨，也感謝醫師肯接納藥師的建議，讓醫藥合作確實實現，對民眾而言才是三贏啊！

第 3 章

藥師
有苦難言

我還沒結婚，不要叫我阿姨

有一次發藥時，等候的病人有點多，一位女性病人跑到領藥窗口插隊，嘟囔著領藥號碼到了，要藥師先把藥給她，她不想等待，只想趕快領藥離開。

一旦有病人插隊，後面排隊的人就會不高興，也容易因此發生爭執。發藥藥師為了公平性，就站起來對這個女性病人說：

「阿姨，請您排隊好嗎？號碼到了一樣要排隊，後面的病人號碼也是到了！」

女性病人這時候突然大聲咆哮：「我還沒結婚ㄟ，不要叫我阿姨！」

女性病人的處方箋顯示年齡是五十五歲，外觀看起來也是五十多歲的樣子，相較之下，發藥藥師年紀較小，也沒有其他不敬的意思。病人在發藥窗口僵持不下，一副沒有領到藥絕不離開的氣勢，因為不符合領藥規定，後來是主管出面才順利化解尷尬局面。

發藥藥師無奈地說：「我怎麼會知道她還沒結婚？我也不是

故意稱呼她阿姨，我覺得叫阿姨比較親切啊！」

我安慰了發藥藥師，並告訴他適當的稱呼的確很重要。後來為了避免此狀況再發生，還統一稱呼的方式，年紀比較小的稱為小姐，年紀稍大稱為女士，男性則一律稱呼為先生。

藥師除了專業藥學領域外，適當地與民眾溝通也是必修的一門課了；看來要學習的還有很多，時時刻刻都不能懈怠啊！

不肖廠商拿西藥當中藥

都這個年代了，您相信還有人會被騙，買到不良保健品嗎？

我服務的醫院設有中醫部門，我當時是管理中醫藥局的藥師。某日中醫醫師跟我連繫，說病人拿了奇怪的保健品來看診，請我過去診間瞧瞧。到了診間，我看到一位老阿公手上拿了一盒保健品，阿公說這是吃顧經絡的，他已經吃了很久了。

我仔細看了包裝盒後嚇了一大跳，包裝盒上寫明這是非類固醇抗發炎藥（nonsteroidal anti-inflammatory drugs，NSAIDs），成分是 Ibuprofen 400mg（消炎止痛用）。

有趣的是，藥盒上貼了一張千年何首烏的貼紙，可能就是因為這樣，阿公以為這有助於養生保健，卻不知自己一直服用的竟是西藥。阿公因為吃了之後，痠痛改善很多，他覺得藥效很好，因此陸續回購，至今已經買了五至六盒。詢問後發現一盒售價並不便宜，要價兩千五百元。因為此保健品號稱從千年何首烏中萃取出來，阿公覺得這麼好的中藥，價格想當然不會便宜，加上效果真的很好，並沒有產生任何懷疑。

這次因為來中醫門診，是怕中醫師開的藥品會和千年何首烏衝突，把藥盒帶來醫院，這才得以發現這場騙局！

我跟阿公說，這個藥不是千年何首烏，是一種消炎止痛藥；消炎止痛本來就可以改善痠痛，吃了當然會有效啊！阿公，您被騙了啦！

最令人吃驚的是，千年何首烏的標籤上竟印有消費者服務電話，我打了好幾通過去，每次都是忙線中。

中醫師請阿公停止使用這盒假藥，我則是建議阿公檢驗一下肝腎功能：非類固醇抗發炎藥（nonsteroidal anti-inflammatory drugs，NSAIDs）平時很容易服用到，一般疼痛多會使用這類藥品，NSAIDs因為藥理作用的關係，對於腎臟會影響到腎血流，加上體液不足，容易造成急性腎損傷；如果本身腎臟功能不佳或是有其他慢性病者，不正當使用 NSAIDs 的危險性會更大。

服用 NSAIDs 前，建議先確認本身是否具有惡化腎功能之危險因子，如年紀大、體液缺乏、心臟衰竭、腎病症候群、肝硬化等，若有以上情況，建議避免使用消炎止痛藥！這位阿公已經將近八十歲了，屬於 NSAIDs 的使用高危險族群，在我聽見阿公服用很久後，才會趕快請阿公去檢驗肝腎功能，擔心在長期使用之下已經對於身體造成危害。

來路不明的藥物其實很危險，加上給藥者並非醫療人員，對於藥品資訊不熟悉，這次真的把阿公嚇了一大跳。這也告訴我們，購買或使用藥品應該找專業醫療人員才會更安心。

你們怎麼可以羞辱我？

「藥，我不領了，你們等著上新聞吧！」一位坐輪椅的病人大聲、氣憤地揚言要跟水果日報投訴我們，隨即離開醫院，決定不領藥了。

這時候的我已經是一名藥局小主管，我聽說這件事之後，馬上到藥局了解發生經過。原來是藥師在發藥時，正當要把藥品交付給病人，不慎讓藥品掉落到地上。坐輪椅的病人覺得藥師不尊重他，惡意為難他，因而相當生氣不願領藥，並揚言要把這件事揭露給記者知道。

「我沒有故意為難他，發藥櫃檯比較高，我把手伸出領藥窗口，準備將藥遞給病人時，因為病人的輪椅比較低，我拿藥的時候沒有交接好，所以藥品掉到地上，我有馬上跟他道歉，我不是故意的！」發藥藥師無辜地解釋。

「好，我知道了」，我知道藥師不會為難病人，發藥櫃檯與輪椅的高度落差的確是一種不方便。我擔心病人沒有藥可以服用，急忙地想先解決病人藥品的問題，看了一眼醫師開立的藥品，發現這個病人有嚴重的高血糖問題，加上醫師有開立胰島素，這藥品必須盡快拿給病人才行，惟恐病人血糖控制不好，也擔心這類案例會有可能再發生，我跟服務台確認：針對行動不便者，可否改由志工代為領藥？志工表示可以，他們可以協助。

我盡快查找出病人的聯絡電話，並跟病人承諾會親自把藥品送去給他。尋著地址找到住處，我驚訝了一下，原來是這裡啊！火車站前極為有名的鐵道大飯店，飯店裡面是一間一間獨立的套房，看起來病人已經在這裡居住很久了。

敲門後，開門的是一位坐著輪椅的先生。先生一開始聽我說明來意後，便很不高興地請我離開，揚言他正準備打電話給記者，投訴我們不尊重弱勢族群。我耐心地解釋，因為藥師在給藥時，沒有注意到發藥櫃檯的高低距離差，才會在彼此接手時不小心讓藥品掉到地上，藥師絕對不是故意的，「他很自責，也擔心您沒有藥吃。我已經跟服務台確認過了，以後如果還有需要領藥的時候，可以請服務台的志工協助代領喔！」

我跟病人再三保證，自己會提醒每一位藥師，確認病人確實接好藥了再鬆手。病人接受了道歉，也了解這是一場誤會，事情最後平順地落幕了。

面對不同的病人，給藥服務也得不同，對於坐輪椅不方便的病人、抱著嬰幼兒的民眾和走路不便的病人等，也許藥師不該只是窩在藥局裡面，走出去，將藥品遞給病人，能讓病人更多地感受到藥師的關懷。

我的記性怎麼這麼差？

這位阿嬤已經連續三天來做藥物諮詢了，阿嬤說醫師開了顧氣管的吸入劑給她，每回藥師教完使用方法，回到家她就忘記了。

阿嬤今天已經來問第三次了，她覺得很挫折，記性這麼差，也對藥師感到不好意思，越想越傷心。

阿嬤用的是氣喘吸入劑，使用藥品時因為需要旋轉藥瓶以上藥和吸藥，所以如果忘記怎麼操作，可能會導致無法正確吸入藥品，氣喘控制不好。阿嬤自己居住，沒有家人陪伴在側，因此沒有人可以協助她用藥。

聽了阿嬤的困擾後，我心想如果不改變教導阿嬤的方式，回家後還是會忘記。阿嬤不識字，寫下來也是不行的；加上阿嬤視力不好，哪怕拿圖片進行衛教也幫不了她，因此必須採取不同方式。

思想了幾天，想到網路上有很多衛教影片可觀看，因為阿嬤只能用台語溝通，我立即以台語詢問阿嬤會不會用手機看影片，阿嬤說「這個我會」，因為兒子會放孫子的影片給她。靈機一動，我趕忙用手機拍下衛教操作影片存入阿嬤的手機中，且整個操作過程都是以台語說明，這樣就可以方便阿嬤隨時取出來看了。

阿嬤非常喜歡這個方法，她說這樣就不怕忘記了，因為可以隨時看，不怕使用錯誤，也不用一直跑來醫院詢問。

每個病人的狀況不同，採用的藥品衛教方法也需要常常變換。我會跟新進藥師分享，「沒有最好的衛教方法，只有最適合病人的，而這就是最好的。」唯有病人真的聽懂、會用、使用正確才是真的成功啊！

台廠藥的藥效比較差？

某天我剛踏進醫院準備上班，正打算脫下外套換上藥師袍時，就被叫出去處理民眾問題。眼前一位76歲男性病人，長期使用「脈優」（Amlodipine 5mg）來控制高血壓，而最近醫院將「脈優」換成「迪平『山德士』錠」（Amlodipine 5mg）；兩藥是同成分同劑量的降壓藥品，差別在於藥廠不同。

病人使用「迪平『山德士』錠」後覺得頭暈不舒服，但礙於規定：「慢性病連續處方箋」要等三個月後才能回診，病人沒辦法繼續使用，於是便跑來醫院抱怨要更換成原來的脈優。可惜的是醫院已沒有「脈優」了，病人知道後非常不高興，先前他已經跟三個單位反應了，但這些單位無法解決病人問題，最終病人找到藥局，希望我們可以幫忙處理。病人來的時後情緒波動很大，非常不高興，覺得醫院把原廠藥換成台廠藥品，造成他身體非常不舒服，因而堅持要換回「脈優」給他。

病人反應這是慢性病連續處方箋，他到社區藥局去詢問是否可以給他「脈優」，社區藥局藥師反應醫院用的「迪平『山德士』錠」健保價為一顆三元，「脈優」健保價是一顆八元，兩種藥品相差一顆五元，藥局告訴他要請醫院將處方更改為「脈優」，社區藥局才能給藥。

病人說：「醫院任意更換藥廠，使用便宜的台廠藥品給民眾使用」，認為醫院處置不當，沒有考慮病人需求……。病人越講越激動，聲音也越來越大聲，無奈礙於醫院沒有「脈優」了，我根本不可能提供給他。病人怒氣不減反增，反覆嚷嚷著要換藥。

我詢問病人，健保價三元和八元的事情是誰告訴你的呢？病人說是社區藥局藥師說的；病人更自行認定藥價差了二倍多，我們用的三元藥品是劣質的，因此吵鬧不休。

我到健保局網站查了這兩種藥品的健保價格，當時都是一顆五元，價錢上沒有差別。我很客氣地告知病人，兩家藥品的健保價都是一樣的，絕對沒有好藥和壞藥的差別。而且「迪平『山德士』錠」的藥品許可證上面註記是國外輸入藥品，因此也不是台廠生產的藥。我將查到的資料列印給病人確認，我跟病人解釋可能是溝通上的誤會才會產生誤解，另外也詢問病人是否方便提供藥局的連絡方式，我可以親自致電確認看看，「我不想因為誤會造成您不舒服」；病人聽後覺得有點不好意思，卻也沒告知我是哪間藥局。

我跟病人說，「脈優」藥品確定已經沒辦法再給您了，醫院確定不會再使用它了，我可以協助您跟醫師溝通，是否更換成其他原廠非「脈優」成分的降血醫藥？或者請醫師再評估看看是否有其他更適合的降壓藥物？

後來，在醫師的幫助下，順利更換成其他降壓藥，追蹤之後病人也無不適情形發生，這個事件也就順利結案了。

溝通上的誤解容易造成病人心裡的不舒服，許多病人長期使用某種藥品後，一旦更換廠牌的確有可能出現不適的現象，這時候若想要避免爭吵和爭論，藥師可以把相關資訊查詢正確，並好好地與病人溝通，以將問題處理妥善。

台灣藥廠出品的藥真的比較差嗎？

其實，台灣對於製藥的品質是有一定規範的，政府對於藥品品質要求日益嚴格，從 cGMP（良好作業規範）到現在的 PIC/S GMP（國際醫藥品稽查協約組織），對於規格不斷提升，為了就是讓產出的藥品可以與國際競爭。

以國人喜歡購買的日本藥品大正百保能感冒顆粒為例，感冒不外乎頭痛、發燒、流鼻水、咳嗽或鼻塞等症狀，這些通用的藥品成分在台灣也有，社區藥局裡面很多指示藥品也都具有相同的效用，加上台灣藥品分級清楚且制度明確下，民眾可以享有完善的醫療照顧及諮詢，不見得一定要購買國外的。有時候因為國情及管理不同，反而不見得會比較好，例如二氫可待因用於止咳，屬鴉片類的止咳藥物，具有成癮風險，台灣列為管制藥物，若是在國外不知情購買且不當使用下，反而容易傷身。因此，使用台灣合格藥廠生產的藥品，且在醫療人員建議下正確使用，才是保障正確用藥最適當的方式。

醫治乳癌的藥，男性不適合喔！

「你們藥師不就只是包包藥而已，很輕鬆啊！」這是民眾曾經對藥師說的話。

你不知道的是：藥師的工作絕對不是只包包藥，在藥師的世界裡我們不叫做「包藥」，而是稱為「調劑」。在調劑過程中，藥師需依照三讀五對（三讀原則：調劑檯內拿出藥品時、將藥品放入藥袋時、將藥品（瓶）歸回調劑檯時。五對：「病人對」、「藥品對」、「劑量對」、「給藥途徑對」、「給藥時間對」）的原則；而在調劑過程中，藥師需確認處方藥品是否適合病人使用，且要評估藥品、劑量、肝腎功能及交互作用等。整個過程都需要藥師聚精會神，因此藥師的敏銳性和經驗相當重要。

發藥的時候也要有觀察力，除了衛教病人藥品的使用方式外，還要在交談中找出問題，給予正確觀念才行。

印象很深刻有一次發藥時，來領藥的是一位男性，但藥師手上的藥是女性乳癌常用藥 Tamoxifen。看了資料，察覺病人在泌尿科就診加上年紀約六十歲，藥師當下覺得不太對勁，懷疑醫師是要開立前列腺增生所伴隨的排尿障礙藥物 Tamsulosin。於是立即致電與醫師聯繫，確認醫師是要開 Tamsulosin（前列腺增生所伴隨的排尿障礙），而非 Tamoxifen（女性乳癌常用藥），因為兩藥的開頭都是 Tam，醫師在選藥時可能沒有留意到，才會出現錯誤，幸好發藥藥師很機靈，發現性別與藥品不符，當下馬上發現異常，趕快協助病人更換處方。

藥師的工作絕對不是只有包包藥而已，對處方上的每一種藥品進行才確認是藥師最基本也是最重要的工作內容。而且在醫藥分業下，與醫師密切配合、良好溝通才能達到最好的用藥品質，民眾才可成為最大贏家。

網路都說這個藥不能用！

這是我執業以來遇到最難忘的病人了。

某日下午，有一對母女氣噗噗地到醫院藥局怒吼，「網路上都說這個藥品不能使用了，為什麼你們醫院還開給我？」說完就用力把藥品甩在桌上。

這個藥品是口服避孕藥，但醫學上也會使用在治療青春痘，因此年輕女性若有痘痘困擾，醫師可能會開立這藥品提供使用。我向這對母女詢問，是從哪裡得知此藥品已不能使用的消息呢？

母親很不客氣地回答道：「哼！妳是藥師，妳不知道嗎？網路上都有寫啊！」

其實我是知道的，這個新聞源自法國國家藥物管制安全局（ANSM），他們發布新聞說這個藥品曾造成民眾發生靜脈栓塞（VTE）而死亡，因此當時法國公告下架。但是台灣的食品藥物管理署認為國內並無不良通報，於是暫時決定不會跟進下架，加上這個藥品是處方藥，需在醫師的評估下才能使用，且也有建議心血管栓塞家族史的患者要避免使用，不可私下購買。只是剛好國外曾公告下架，因此有一些台灣民眾會感覺緊張。

我委婉地將台灣目前的作法告知，也解釋如果是禁止使用，政府會公告下架，並進行全面回收，醫院和藥局一定會跟進，決不會發生禁用還給藥的情況。因此建議她們先依醫囑使用，如果有問題可以跟醫師反應。

母女兩人聽完我的解釋後，覺得有點不好意思，尤其剛剛還把藥品大力甩在藥局桌上並大聲斥責我，連忙說了抱歉之後，趕快離開了。

網路發達便利，民眾很容易獲取任何資訊，但是非醫療人員對於醫療的相關資訊可能會有不同的感受，若有疑問應向醫療人員詢問清楚，千萬不要一衝動就對醫療人員發飆或丟東西，這樣會讓醫療人員哭哭喔。

第 4 章

居家訪視

點滴

淺談居家訪視

在醫院工作有一個令我非常難忘的，就是參與居家訪視！居家訪視就是親自到病人家裡去察看實際用藥情況；平常在醫院裡面，都是病人領完藥，藥師衛教完，病人就回去了，但到底有沒有服用或使用？用的對不對？其實根本不清楚。

居家訪視指的是由專業居家護理師到病人府上提供服務，可減輕個案及家屬往來醫院奔波的辛勞，由專業人員到府給予持續性的照護，除了減少醫療資源浪費外，病人還可以待在熟悉的家中生活，同時享受親情陪伴，是一項很便民的醫療照護。

我服務的醫院有居家護理的服務，因此我有機會可以跟隨居家照顧團隊到民眾家進行用藥訪視，居家護理服務的對象有：

1. 慢性病或就醫不便者，個案只能維持有限自我照顧能力，巴氏量表小於六十分者（嚴重依賴）及柯氏量表3級以上。
2. 有明確醫療服務，需定期更換管路，如：鼻胃管（胃造瘻）、導尿管（膀胱造瘻）、氣切管路、壓力性損傷（壓瘡、褥瘡3、4級）傷口。

3. 穩定能在家中進行醫護措施者。

4. 居住於「立案」養護機構符合服務條件之患者。

居家護理服務項目有：身體評估、到府更換各種管路及傷口護理、抽血檢驗（代採檢體送檢）、日常生活照護指導、營養狀況評估、飲食指導，必要時轉介適當社會醫療資源等。

以藥物治療的角度出發，若病人有多重用藥、用藥配合度低或無法正確使用藥物，導致藥物沒有辦法達到預期的治療目標者，居家護理師就會轉介藥師尋求協助。藥師會因為居家照護個案的情況協同居家護理師到府進行用藥訪視。

參加居家訪視可以真真切切地看到許多病人的用藥問題，且每一個家庭都有著不同的歡笑辛酸血淚，我覺得這是藥學旅途中非常有價值的經驗。

我已經參與居家照護超過十年的時間了。這十年來遇過很多居家照護難忘的故事，每個故事背後都是一個家庭，就聽我娓娓道來～

註：巴氏量表（Barthel Index）又稱 ADLs，是一種日常生活功能之評估量表，主要用來測量病患的治療效果及退化的情形。柯氏量表為身體功能評估表。

媽媽，我從來沒有忘記您

訪視某位女性病人時，她家是一間空間很寬敞的透天厝。按下門鈴後，來應門的是一位女性外籍看護工；看護很有禮貌，進門後發現這家非常乾淨，一塵不染。還記得居家護理師在前往案主家的路上曾告知，這個看護工把女主人照顧得很好，待會兒你看到就會明白了！

偌大的家中只有女主人和看護工居住，感覺有點冷清。到了女主人所在的房間，才知道她是植物人：女主人在下課接孩子時，不幸在途中發生車禍，傷勢嚴重，最後變成植物人。居家護理師的工作就是要來幫忙更換氣切，我則是來看看藥品的部分。女主人有血壓問題，我檢查了藥品使用：皆是依照醫囑，沒有剩餘藥量或是用錯的跡象，且旁邊牆壁上貼了一張手寫的血壓紀錄單，看護工每天早晚各測量一次血壓，並把血壓值都詳細地記錄下來。

女主人的外觀乾乾淨淨，看得出來被照護得很好，皮膚亮亮白白的，頭髮、指甲和衣著也十分乾淨，著實可以感受到看護工的用心。我建議看護工測量血壓可以採用 722 原則，即「7」連續七天量測、「2」早上起床後、晚上睡覺前各量一次、

「2」每次量兩遍，讓醫師在評估數值時會更客觀。

評估完藥品後，在回程路上我忍不住好奇地詢問居家護理師，為什麼案主沒有其他家人呢？護理師說先生和小孩已搬到附近居住，女主人單單由看護工獨自照顧，但先生和孩子每個月都會來看媽媽。

「為什麼不住在一起呢？家裡很大，應該夠住才是啊！」護理師表示當初車禍發生，家人一直無法接受，先生因為深受打擊一時無法振作，在家中頹廢很久。但是，公司總要經營，孩子也需要人照顧，生活還是得過；後來，男主人再娶，成立家庭後就帶著孩子搬到附近去了。孩子雖然長大，但最近計畫搬回來陪媽媽一同居住，媽媽從來沒有被忘記，孩子心裡仍舊很掛念媽媽。

在回醫院的路上，我覺得很感傷，因為車禍造成整個家庭的傷害，對於先生和小孩來說，是很沉重的，希望這個家庭可以逐漸邁向光明的生活。

好濃的尿騷味

案主是位七十五歲的阿嬤，與家人同住。家人因為經營觀光生意，白天沒辦法照顧阿嬤，因此申請一位外籍照護員來幫忙。

阿嬤和照護員一起住在一個房間裡，房間不大，只容得下阿嬤的電動氣墊床、照護員的單人床、一架衣櫃及電視。

第一次的訪視是我、醫師及居家護理師一同前往，到了案主房間，我們開門進去，我和醫師看著彼此，然後默契地關上門走出房間。因為房間裡面有股好濃好濃的尿騷味，就算我們已經戴上口罩，房間的窗戶打開，也沒辦法減輕這股味道，待在這個狹小房間裡面著實令人不舒服。我一直納悶，怎麼會出現這麼濃的尿味呢？剛好護理師幫阿嬤更換尿管，我總算知道原因了。

阿嬤的尿袋呈現紫色，導尿管上面布滿許多白白的、像豆腐的渣渣，而且從尿道拿出來的導尿管上頭早已卡了許多褐色的結晶；阿嬤下半身沒有穿著內褲和褲子，只在屁股下放了一張保潔墊，腹部上面蓋了一層被子。看得出來阿嬤的泌尿道不太乾淨，導尿管上的結晶使尿液無法順暢流下，因此尿都漏在保潔墊上，加上外籍照護員沒有適時更換保潔墊，導致尿味十分濃厚。

阿嬤的屁股上有兩個大的壓瘡，是長期把屁股浸在充滿尿的保潔墊上，因潮溼及壓迫讓傷口一直無法癒合，使壓瘡破得越來越大。

訪視完後，我跟醫師討論，阿嬤會不會有泌尿道感染的問題？感覺尿液不太乾淨，是否要考慮使用抗生素治療？醫師表示之前有治療過一段時間，但都沒有好轉，因此目前已不考慮採用抗生素了。護理人員當下建議是否先刮除陰毛，讓外陰部比較容易被清潔乾淨；經過家屬同意後刮除了陰毛。

再進一步，阿嬤尿袋呈現紫色的情況主要會發生在長期放置導尿管且有便秘的年長失能病人，且多為女性較常發生（因尿袋或導尿管呈現紫色，又被稱為紫尿袋症候群。）倘若平時水分攝取足夠，加上多補充纖維素及維他命C、改善腸道環境、攝取益生菌及經常更換尿管、尿袋，都能避免紫尿袋症候群的發生。此外，生殖器官及周邊皮膚的清潔都可讓狀況更為好轉。

一個月後，我又去訪視了一次，這次房間內一樣充滿尿騷味，阿嬤外觀看起來沒有什麼改變，且壓瘡變得更深更大了。照護工說她都有認真翻身和換藥，但是阿嬤就是沒有改善，我們只能更積極衛教，並希望照護者能夠積極配合。

過不久，居家護理師通知我原來的照護員在台簽證到期了，必須回去一趟，要一段時間後才能回來，這段時間會由另外一位照護員來幫忙照顧，這幾天就會進行交接。我和護理師討論之後，覺得我們應該一起過去交接，告知照護時要注意的事項。新的照護員也是外籍人員，但已經有其他的照護經驗，也能用國語溝通，於是我們把照護阿嬤的建議都詳細地告訴新的照護員，並希望她能好好配合。

一個月後，又到了訪視時間，我滿懷期待的去阿嬤家。打開房間後，我非常驚訝，房間內已無尿騷味，阿嬤的尿袋和尿管看起來乾淨很多，紫色尿袋也改善了，一個月的變化之大實在驚人！好奇地詢問新的照護員，阿嬤怎麼會變化這麼大？照護員表示，她就只是依照我們的建議照護阿嬤，常常更換保潔墊、清洗外陰部和尿道口，也讓阿嬤補充營養和水分而已。

和家屬討論之後，家屬表示新的看護員比較細心和認真，而且把阿嬤照顧得很周到，他們也都看在眼裡記在心裡。其實只要照護的人多用點心，對於病人而言就是最好的治療。

媽媽別倒，還有我在

這次訪視的地方較為偏遠，下車映入眼簾的是一大片農田，要訪視的居民就住在農田中央的平房。護理師事先告訴我，案主是一位媽媽，主要照顧者是她的兒子。因為要照顧母親，兒子工作限制比較多，目前都靠打零工維生；沒有工作時就待在家裡照顧媽媽。幾年前，因為丈夫突然去世，母親悲痛不已無法接受事實，就此倒下，從此每天躺在床上不願走動也不下床。兒子擔心媽媽無法一個人自理，打算不婚，和媽媽一起生活一輩子。

進入屋內先看到客廳，客廳感覺陰暗，空氣中瀰漫著一股霉味，客廳的椅子上有個枕頭，枕頭有明顯的黃漬和黑色的黴點，客廳並不通風，霉味濃郁。進入案主生活的房間，房內陰暗，平時應該沒有開窗的習慣。母親活動的地方就是一張雙人床，吃飯在床上，看電視也在床上，床的旁邊放著一個電鍋和一罐紅糖。兒子如果去上班時，媽媽肚子餓就打開電鍋吃飯，沒有菜就配紅糖吃。兒子和媽媽一起睡在雙人床上，萬一母親半夜精神狀況不好、噪動時可以立即處理。

案主目前使用導尿管，因為受到打擊後就長期臥床，因此上廁所也變得困難，更多依賴尿管了。一整天吃喝拉撒睡都在床上解決，也不願出門活動，整日待在床上。

居家護理師的服務為更換導尿管，我則關心案主的用藥狀況。案主的藥都是身心科藥品，主要是讓其情緒放鬆及輔助睡眠。兒子說媽媽吃藥也沒什麼用，就是不想動，整日無精打采，感覺媽媽一輩子就這樣了。兒子表示媽媽不能再接受打擊，很擔心如果沒有了他的陪伴，後果可能不堪設想。

加上媽媽長期依賴安眠藥物，而且服用不正確，因此兒子很擔心媽媽會形成藥品依賴，希望我可以跟媽媽衛教，告訴媽媽正確的用藥方式。藥品依賴是指長期或反覆用藥造成的精神和軀體改變，對藥物產生依賴性，症狀為持續性或周期性強烈要求用藥，長期會造成身體負擔，影響生活。

成癮性藥物可依成分大致分為「鴉片類藥物」和「非鴉片類藥物」：

1. 鴉片類藥物：屬於中樞神經抑制劑，具有鎮靜、安眠和止痛的效果，此類藥物成癮性較高，需在醫囑下使用較為安全。

2. 非鴉片類藥物：涵蓋範圍較廣，包含中樞神經興奮劑、中樞神經鎮靜劑和致幻覺劑。此類若是不正常使用也有依賴的風險，建議依醫師指示服用。

我跟媽媽聊了一下，發現她一直在沉浸在傷痛中，怕自己醒著的時候會胡思亂想，才會想要不斷透過吃藥讓自己睡著。我跟媽媽解釋藥品亂用可能造成的後果，也轉達兒子很擔心她，希望她可以調整一下生活方式，不要依賴藥物。

我鼓勵兒子帶媽媽去外面晒晒太陽，農田的景色很美，吹吹風讓陽光照拂，都可使心情愉快。如果媽媽不願外出，也可以常開窗讓新鮮空氣流通，當然，如果願意起床動一動會更好。不只是母親，我們也鼓勵兒子能保持開朗的心情，不僅可幫助自己比較放鬆，也可以進一步感染媽媽，慢慢地就能越來越好。

離開後，我又回頭看了看這間屋子，微風吹拂過來，農田綠意盎然，這裡景觀很美，只要這對母子願意打開心扉，相信陽光會透進心裡溫暖他們的。

油油的阿嬤

眼前這棟五層樓的透天厝是這次要訪視的病人家，這麼大的房子裡面只有個案阿嬤和一名女性的看護工 Mary 一起住，兒子每天照三餐帶飯過來；Mary 的工作主要是照顧阿嬤，平時都是阿嬤和 Mary 一起生活。

五層樓的透天厝只使用了一樓的空間，阿嬤和 Mary 生活在一樓的客廳中。阿嬤裝有鼻胃管，平時可以自行下床活動，累了就在客廳的電動床上休息。Mary 的床在阿嬤旁邊，床被精心布置過，上面擺滿了可愛的絨毛娃娃，看起來彷彿是童話故事中小公主的床，床板上還放著三部手機，四周還有很多流行的裝飾品和指甲油。

這是我第一次看到阿嬤，觀察之後感覺阿嬤退化很多，病歷上醫師診斷為老人失智症，阿嬤已經不太認得人了，平時對話也不太流暢。阿嬤有一雙大大圓圓的眼睛，身材微胖，看起來很是討人喜歡，護理師幫阿嬤更換鼻胃管時，因為過程不舒服，阿嬤會哇哇大哭，感覺像個返老還童的孩子一樣。

讓我覺得疑惑的是，為什麼阿嬤整個人看起來油油的，臉上和頭髮上都有很明顯的油膩感，衣服似乎也不太乾淨，身上還有股不佳的味道？

反觀Mary，穿著牛仔膝上小短裙，露出一雙美腿，臉上精心地化了妝，指甲上塗了花花綠綠的指甲油，頭髮也精心整理過，身上還伴隨著香水味。

兩個人外觀差異很大，聽護理師說：「Mary只要照護阿嬤就好」，感覺工作量不大，雖然阿嬤的照護沒有出現問題，症狀也穩定，藥品在我評估後都是有正常使用的，卻覺得在外觀清潔上需要加強。

不久，阿嬤的兒子送午餐過來，我在整理藥品時，不小心看到 Mary 和兒子手牽手了一下，我很驚訝地望向同行的護理師，我們兩個互看一眼後恍然大悟，「原來是這樣啊！」

其實，在照顧病人時，要留意的面向蠻多的，不只是確認藥品有無正常使用而已，病人的營養、行動能力、語言表達、身體清潔等，都是在照顧的範疇裡面，如果照顧者可以多注意阿嬤的外觀清潔，照護品質就更加分了！

不離不棄，照顧妹妹三十年

因為這次案主使用的藥品很多，因此居家護理師邀請我一起去訪視。

案主是一名四十多歲的女性，理著平頭，看起來瘦瘦的；案主和哥哥一起在台南居住，因為案主有使用導尿管，因此申請居家照護。在了解案主的情況後，我發現案主的身心科藥品藥量很大，情緒管理看起來卻還不太穩定。「妹妹有時候會自己拿藥吃，狀況不好時還會吞下一大把安眠藥。」哥哥告訴我，妹妹在國中時談了戀愛，因為愛得太深，男方劈腿後，妹妹無法接受打擊而選擇輕生，搶救回來後，妹妹一蹶不振，既不出門也不說話，後來更退學了。

「爸爸媽媽過世後，妹妹成了我一輩子的責任，」哥哥感嘆地說。「除了我，妹妹沒辦法接受其他人的照顧，我也打算陪伴她一輩子。」

擔心妹妹生活無法自理，哥哥只能選擇在家工作。哥哥經營手工製鞋，在家一邊製鞋一邊照顧妹妹；因為背負著照顧妹妹的責任，哥哥很難找到合適的對象，所以快五十歲了還是孤身一人。

護理師幫忙案主更換尿管後，我建議哥哥應該要將藥品收好，避免妹妹自行拿取，且大量使用安眠藥物是有危險性的；藥品保存無疑就是避光、避熱、避溼和避免任意拿取，所以請哥哥務必要把藥品管理妥當。

我詢問哥哥是否需要請社工或心理師介入，由其他專業人員給予妹妹心理支持，可能對妹妹有幫助。哥哥聽完建議後婉拒了，他說：「我懂我的妹妹，我照顧她就行！」

離開案主家後，我與護理師在車上聊天，我們不免感嘆：

這個家好令人揪心，哥哥不離不棄照顧妹妹三十年，確實令人感動又惋惜。

燒香拜佛驅魔都沒用

訪視一名國中生前聽護理師分享，她已經很久沒去上學了，因為藥品都亂吃，所以希望我來幫忙衛教。

這個家一推門進去就聞到很濃的拜拜燒香味，客廳裡供奉著神明，感覺家裡人很虔誠，整個客廳充滿濃厚焚香味，天花板和牆壁已被熏成黃褐色。

媽媽帶我們到二樓妹妹的房間。房間布置得很具少女感，看得出來妹妹很喜歡畫畫，桌上都是妹妹的畫作。媽媽表示，妹妹因為精神問題必須待在家裡，之前曾趁父母不注意時偷偷溜出去，因此媽媽辭去工作，全心照顧妹妹。

妹妹的用藥都是精神科藥品，一天下來需要吃到七至八顆。我有點傷感，這個年紀不是應該在學校盡情學習和享受美好時光嗎？怎麼會就這樣待在家裡，也不能出門，不禁為妹妹的青春嘆息。數了數藥錠，剩餘的藥品和使用方式明顯有落差，感覺藥品有使用異常，且量也不太正常，與媽媽溝通後，媽媽表示藥品都是她負責拿給妹妹吃的，有時候媽媽會自行調量，因此藥品才會有多有少。我向媽媽建議：如果常常需要調整藥品，是否因為考量病情有變，最好經醫師評估會較為安全。

離開後，護理師跟我說，媽媽看我第一次去所以不好意思說清楚真正的原因。其實他們一家覺得妹妹中邪了，所以一直在幫妹妹驅魔，家裡也常常舉辦各種宗教儀式，才有這麼重的燒香味道。且父母每天把妹妹關得死死的，有一次妹妹偷跑去廟口買東西被父母抓到後，被管得更加嚴厲了。

「啊！原來如此！」我看了醫師對妹妹的診斷是精神問題，至於是否如父母口中所說的中邪，對我來說，這是科學與民俗療法間的差異，哪一種方式對妹妹比較好？我沒有結論，但無論如何，我仍期待妹妹可以趕快走出封閉的家，開啟新的生活。

警察收養了四個小孩

天氣熱得嚇人，我帶著四個實習生到病人家訪視。這個病人住在濱海公路旁，對岸馬路邊就是海，快接近中午時高溫炙人，汗揮如雨下。

案主是一位腦中風的阿公，目前處於全臥床狀態，已經無法正常溝通。平時都由太太照顧，病人裝有導尿管，需要護理師幫忙協助更換尿管。在護理師更換尿管時，我帶著實習生查看病人的用藥。藥師主要會檢查藥品是否有餘藥，查看藥品數量是否一致，如果數量不符要考量是否吃錯時間或是有自行停藥的問題；若遇到用藥有疑慮，藥師會協助衛教。

阿公剩下很多改善便秘的藥品，詢問過太太後，太太表示有時候先生可以輕易自行排便，就會停用改善便秘的藥品，才會剩下很多沒服用。我建議太太如果還有剩藥可以請醫師先不用開，領回藥品卻不吃容易造成藥品浪費，等到快吃完再請醫師開立就好。

待藥品評估完後，我望著牆上的照片，原來阿公以前是名警察，牆上掛著他穿著警察制服受獎的照片。太太說阿公以前很熱心，常常幫助弱勢的人，是位很正直的人。我望向牆上的全家福照片說道，「一家人看起來好幸福和樂喔。」太太說：「我的四個小孩都是他撿回來的，」阿公年輕出外勤時，遇到沒有父母的可憐孩子，就帶回來收養，加上自己也沒有小孩，收著收著竟不自覺地收養了四個小孩，幸運的是這些孩子也都很爭氣孝順。

回去醫院的路上，實習生說：「今天天氣很熱，但是心裡卻覺得很溫暖。」是啊！社會的角落其實都還存有這種窩心的人，今天的訪視實在太值得了。

漂亮的手寫身份證字跡

「我不要～我不要～」

還沒走進病人家裡，巷口處就已經聽到病人發脾氣的聲音了。

這個阿嬤之前就來看過了，阿嬤主要由台灣看護工照顧，負責照顧的阿姨非常細心，把阿嬤照顧得挺不錯的，但是阿嬤脾氣很差，脾氣一來就會手足舞蹈，常常抓傷看護阿姨。

阿嬤患有老人失智症和帕金森氏症，現在的症狀蠻典型的，因老人失智症的關係，所以在記憶、情緒上會出現失常的狀況；帕金森氏病則是在動作、協調上的退化比較明顯，病人出現僵硬、手腳顫抖、緩慢的表現。阿嬤情緒不穩容易發脾氣也是疾病所致，她現在走路不協調，之前還曾跌倒過、骨折，因此家人不太敢讓阿嬤下床走動，幾乎都是讓她坐著或躺著。

由於阿嬤的用藥很多，我花了一點時間幫忙審視藥品交互作用的狀況，發現阿嬤蠻多睡前的情緒用藥。看護阿姨說阿嬤夜間容易躁動，會一直唉唉叫，大家都睡不好，睡前的藥品主要是幫助阿嬤放鬆入眠用的。

看護阿姨說，別看阿嬤這麼兇，她寫字可漂亮了，以前沒有電腦的時代，身份證上面的字只能手寫，阿嬤的工作就是手寫身份證，桌墊下面正壓著阿嬤以前寫的字，我看了一下，果然字工整又漂亮。看護阿姨感嘆地說，人生就是這樣，年輕的時候無論多成功，誰也沒辦法避免變老，老了之後大家都一樣啦！

訪視完後，在我和護理師預備走出巷子時，還依稀可聽見阿嬤發脾氣的聲音，我們相視一笑，讓一切盡在不言中。

一天吃二次，不是一次喔！

在出發訪視的路上，護理師說今天要看三個個案，待會兒去的是從美國回來的阿嬤，她小時候就到美國生活了，後來嫁給美國人，先生過世之後才回來台灣居住，現在七十五歲，離開台灣六十幾年了，因為年紀大又沒有小孩，沒辦法一個人待在美國，還好台灣有弟弟可以關心，預計會長期留在台灣。阿

嬤不太會講中文，現在有一名菲律賓的看護工在照顧她，他們都是用英文溝通。護理師說，這個病人只有血糖問題，可以不用評估藥品。

到了病人家後，護理師幫忙阿嬤更換尿管，我想說反正也沒事，就用英文和菲律賓的看護工聊聊，心想來都來了不如看看藥品，就請看護工把阿嬤的藥品拿給我看看。我順口問了一下平時的用藥情況，問了之後嚇了一跳，阿嬤的藥品很簡單，就是二種降血糖的口服藥，一種是早上飯前用一顆，另外一顆是早晚飯後用一顆，看護工誤把早晚飯後一顆的藥給成早上飯後一顆，因此有很多剩藥，我詢問看護工：「妳不覺得很奇怪嗎？怎麼會剩這麼多藥？」

看護工很正經地說：「如果幫阿嬤測血糖，數值比較高時，就會讓阿嬤多吃一顆！」

我的天哪！怎麼會有這種事？我趕快用英文跟看護工說明，藥品的時間吃錯了，一天要吃二次喔！阿嬤血糖數值不好，可能是藥品少吃的關係，先正常吃看看，如果還是有異常數值要記錄下來，回診的時候給醫師參考，不可以自行拿藥給阿嬤吃，這樣很危險的！

護理師更換完尿管後，我剛好也衛教完畢，在出發前往下一家的路上，我跟護理師說了剛剛發生的事情，護理師說：「還好妳有問，不然可能都不會發現藥品吃錯的事情！」我說，「是啊！」

其實，外籍看護的確幫忙台灣很多事情，解決了照顧病人的問題，但是不可避免的語言差異也具有潛在的危機！看不懂中文，可能就會形成理解差異，這也是一個用藥需要思考的問題！還好，誤打誤撞發現用藥錯誤！

新冠疫情的求救無門

某日下午一位焦急的媽媽打電話來進行藥物諮詢，她說：「孩子確診了，早上九點發燒到快40度，塞了退燒塞劑之後有退了一些，剛剛一點左右喝了醫師開的退燒藥水，現在四點半又開始燒起來了，可以再喝藥水嗎？」隔著話筒，我可以感覺到這位媽媽整個人都在發抖。

碰巧正值疫情最嚴重的時候，只要確診都需要被管控，也不能隨意外出，民眾對於新冠肺炎都很懼怕。

我跟媽媽解釋退燒藥物間隔的處理模式，並提醒媽媽如果孩子持續高燒，要盡快回診！媽媽聽完，就放心的掛了電話。

十分鐘後，媽媽又打電話來諮詢：「藥師，我剛剛有打電話來詢問，我的小孩現在睡著了，是不是有問題呢？」

我詢問：「這時間本來就是小孩的休息時間嗎？」

媽媽回答：「平時不是這個時間休息，但是他看起來很累，今天都還沒有休息。」

我說：「好，麻煩妳觀察一下他的狀況，並持續留意體溫，他可能只是累了想要睡一下，媽媽先不用太過緊張喔。」

下班前五分鐘，這個媽媽又打電話過來了，她說小孩今天都不吃東西，怎麼辦？

我說：「可能發燒不舒服，加上喉嚨痛不好吞嚥，媽媽可以準備好吞嚥的食物，果汁或者布丁也可以喔！」

媽媽說：「那吃冰淇淋可以嗎？」

我說道：「可以，冰淇淋可以緩解喉嚨不適感，加上熱量也夠，這個時候吃點冰淇淋小孩可能會感覺舒服一點……。」

媽媽聽完很感謝地說，謝謝我的幫忙，她本來很慌張，不知所措，加上疫情期間不方便進出，實在沒有人可以問，最後才想到打電話來醫院，還好我有接電話，她現在覺得很安心。

確診加上發燒會讓很多父母心力交瘁，這幾通電話諮詢下，我可以感覺到電話另一端是一位焦急的媽媽，希望這幾通的電話可以讓這位母親放下心中的擔憂。

帶著微笑刷了下班卡，這是今天最開心的事情了……。

可以不要洗腎嗎？

「藥師，我媽媽現在的腎功能很不好，已經到了要洗腎的階段，但我們幾個兄弟姊妹討論後，決定先持續吃藥治療看看，如果可以不洗腎就不要洗，這是我整理的藥品資料，請您幫忙看看，現在的情況吃這些藥妥當嗎？」

家屬很用心地把媽媽的藥品整理成一張明細，上面清楚地註明每個藥的用法，讓人驚訝的是：媽媽就診五個科別，總共有三十種藥品。家屬說，媽媽的狀況不好，血壓高、皮膚癢、失眠嚴重、貧血等，所以用藥也多。我看了看藥品，其中有些藥品是因為病人腎臟狀況差才需要服用的，例如腎臟病末期會有尿毒症的現象出現，其中就會有讓皮膚感覺發癢症狀；另外血壓、貧血和失眠也都是腎臟惡化造成的，如果真的要給建議，我反而覺得媽媽洗腎會比較好。

家屬說，「現在我們還是決定先不要洗腎，醫師有建議購買醫藥級活性碳的藥品來改善皮膚癢，雖然一盒要價一萬三千五百元，我們仍買了一盒試看看，如果沒效果會考慮洗腎，也麻煩藥師幫忙看看原本的藥品是否可以正常使用。」

我看了看檢驗報告，媽媽的腎絲球濾過率數值為6.9 ml/min/1.73m，按照慢性腎臟病的分期為第五期腎臟病（末期腎臟病變）。我花了一點時間查詢藥物交互作用和腎功能不佳的劑量調整，總共列出有六種藥品需要調整劑量，在腎功能不佳的情況下，這些藥會無法代謝出去，一定要更改劑量或換成其他藥品；請求醫師協助，最後藥品修改了四個，另外有二種暫時停止使用。

與家屬再次見面，我關心媽媽近來的狀況，家屬說一萬多元的藥已經吃了三盒，但看起來沒什麼效果，前陣子媽媽因為有血便住院了，那時候在醫師建議下已經建好廔管（未來洗腎透析用）了，僅需要等三個禮拜，廔管平穩之後就能洗腎了。

在我看來媽媽其實蠻幸福的，這位母親有三女一子，子女設有照顧輪班表，每天一定會有一名子女陪伴媽媽，另外還有一位印尼看護工協助照護；家人對於媽媽的生活起居和用藥都很用心。家屬告訴我媽媽每個月的基本開銷就四萬元，加上活性碳一盒一萬三千五百元，每個月至少五萬元起跳，這些開銷都是子女平均負擔。媽媽被照顧得很周全，家人希望以這種模式繼續照顧媽媽，不要進入洗腎模式。不過眼看著腎臟狀況無法再等待了，最後媽媽順利進入血液透析，在我的追蹤下，藥品減少了很多，媽媽也逐漸穩定。

病人的預後主要除了接受妥善的治療外，家人的照顧扮演極重要的角色：能夠主動整理起媽媽的用藥表，並每日排班照顧媽媽，這些都是用心照護的表現，在我看來這位媽媽超級幸福的。

第 5 章

簡單感謝
溫暖藥師的
心

上帝祝福你，嫁好尪喔！

鈴鈴鈴～藥局電話不停響起，

我說：「藥物諮詢，您好。」來電是一名有著外省人口音的老先生。

老先生問到：「你好，藥師，請問怎麼稱呼？」

我：「您好，我是陳藥師。」

老先生：「我這禮拜看皮膚科，醫師開了兩條藥膏給我，要怎麼擦？」

我：「藥袋上醫師有註明，先擦一種後再用另外一種。」

老先生：「兩種藥膏要間隔多久？」

我：「第一種吸收後就可以擦另外一種了囉！」

老先生：「鹽酸四環素藥膏可以擦在癢的地方嗎？」

我：「不行喔！鹽酸四環素藥膏是擦傷口的，癢的是另外紅色那條藥膏。」

老先生：「原來是我擦錯了，難怪都沒效。藥師！謝謝你啊，我是老人家比較不懂藥，也比較囉嗦，常常打電話打擾你，不要介意喔！感謝您的回答，上帝祝福您，嫁好尪。」

最後這句話我聽了好多次才聽懂，真的是位好可愛的老先生！

醫院很忙碌，有時候甚至會忙到暈頭轉向的，偶爾病人的鼓勵對我們醫護人員來說就像是及時雨，滋潤了原本疲乏無力的工作，令人感到窩心又甜滋滋的。

你想嫁去日本嗎？

「大哥，您又來領藥啦！」

「不要叫我大哥啦！叫大哥太年輕了啦！叫我阿伯卡適合啦！」

這個病人之前因為藥品問題來找過我，幾次下來反而熟識了起來。

每次他來醫院拿慢性病用藥時，都會特地跟我打招呼。

今天老先生在我面前坐下來之後，臉色黯淡地說：「藥師小姐，這次嚴重了，醫師說我檢查出來有攝護腺癌……。」說完，老先生的臉上閃過一絲落寞。

我：「這樣喔！不要擔心啦！現在藥品很多，醫療也很進步，好好治療是可以控制的，不要煩惱啦！」

我記得上次老先生還很開心地來就診，跟我分享說最近感覺怪怪的，等一下要叫醫師幫忙檢查看看。

老先生：「我的年紀棺材都進去一半了，富貴在天，只要兒子、孫子都有好歸宿我就安心了，活不久也無所謂了。」

老先生：「藥師小姐，每次都來麻煩妳，真是歹勢！我覺得妳人不錯，有耐心也親切，我有一個孫子在日本工作，妳會講日語嗎？嫁去日本可好嗎？我剩這個孫子還沒嫁娶，我從小最疼他，他很乖也聽話，我的願望就是想要找一個最好的對象給他，我觀察妳很久了，覺得妳很適合他，和我也投緣，考慮看看好嗎？」

儘管自己覺得這段話很好笑，但老先生的話深深觸動我的心，原來在他的心裡我是值得信任的人。

如果你是醫師就好了

我很喜歡講課，除了在大學的藥學系授課外，我還喜歡到社區演講，因為社區的民眾最真實，可以清楚了解他們的用藥問題。我的講題大部分是關於用藥安全或是健康的題材，每次課後都會特別預留一點時間提供民眾發問，民眾很熱情、踴躍，此起彼落地舉手提問，我真心喜愛大家把心裡的問題說出來，

可以一起討論，找找解決的方法。

印象很深刻，有一次上完課要離開時，好幾名民眾包圍著我問問題，婆婆媽媽們很熱情，問了二十分鐘後，終於輪到最後一位大哥詢問。這位大哥我記得他，在社區講課時見過幾面，我有注意到他都會帶著一本筆記本，在課程中記錄下重點。

大哥說：「藥師啊！我覺得妳很認真，我看妳在回答前面民眾的問題時，都很耐心的聽，每一個問題妳也都很詳細地回答，回答的內容很合理、有建設性，讓人感覺很舒服。我觀察妳很久了，真的覺得妳很不錯，但有一點很可惜了，就是可惜妳不是醫師，如果妳是醫師，我一定會掛妳的門診。」

「如果妳是醫師，我一定會掛妳的門診。」聽到這句話我笑了，這句話不會讓我難過，反而深深地打動了我的心，他給了我一種被認可的感覺。原來在大哥的心裡，我是被信任的，心裡覺得好感動喔！

我想，我應該不會成為醫師了，但是，這句話會鼓勵我不斷成為一位好藥師。

第 6 章

藥師的小劇場

圓一個廣播夢

　　求學時候差一點就可以成為廣播節目的DJ了，後來因為專注在學業上，忍痛放棄DJ夢。這個曾經觸手可及的夢想，在我心中始終是一個遺憾。

　　我是一個幸運的人，有次台南市藥師公會要跟電台合作一個公益節目，節目設定需要一女一男配合主持，且每週週日都需到電台錄製節目，一錄就長達半年。節目主旨想要教導民眾正確用藥，宣導用藥知識，也能自己設計專題。

藥師公會理事長知道我待過廣播社，很願意給我機會去主持看看，後來我跟一個男藥師搭配，每週都有不同的健康主題，更酷的是我們還接受現場民眾的 Call in，也就是在線即時回答民眾疑問。

當我進入錄音室，打開麥克風，心裡的廣播遺憾已全然消除，感謝求學時代的經驗讓我有了這次主持的機會，將廣播與藥師專業結合在一起，推廣正確用藥，真的是很棒的模式，也讓我成長了許多。

可能我們的人生都會有一些遺憾，但不代表永遠沒有機會重溫。感謝時代的進步，現在甚至可以自己錄製廣播節目，放在網路上播放，今時的我也常常在家自行錄製了。

所有的人生累積都會變成日後的養分，遺憾雖然可惜，但是仍有機會圓滿，我的廣播夢不再是往日缺失的拼圖，心中缺的一塊已完美補上，我多了非常多機會分享執業心得，也更能掌握節目設計，這些都是我最珍貴的經驗。

這是一份有溫度的工作

經過近二十年的職場洗禮，我已變身為一名可獨當一面的藥師了。面對異常處方、吵鬧的病人、各種諮詢問題，我都可以妥善且穩定地處理。

這段成長的旅程不算輕鬆，我遇過不友善的各種小人，遇過各種打擊陷害，我曾抱頭痛哭過，也曾想是否應該換條跑道，最後我用努力和堅持存活下來了，在每個困境中堅強成長，讓我更有養分茁壯。

如果你問我，一開始念藥學不是你心中所願，那麼現在的你喜歡當藥師嗎？

我想，我現在可以很肯定的答覆你：「現在的我很喜歡藥師這份工作，因為這是一份有溫度的工作。」

無論是疫情期間焦急的媽媽、或是不識字孤單的長者，還是藥品亂七八糟需要幫忙整理的病人，每個案例在藥師的協助下都能獲得良好的照護。藥師的工作不是冷冰冰的，這裡有溫度、有熱度，用關懷、體諒和用心讓民眾感受到藥師工作的熱忱，讓溫度得以延續下去，這份工作就會顯得更有價值。

結語——身為藥師，我想跟大家說……

執業二十年來，看過許多人事物後，心有戚戚焉，深深感受到身為藥師的責任。

藥品是一個不能亂吃，也不能亂用的物質，以前的年代沒有分工這麼細的醫療職責，通常以醫師為主軸，護理人員為副手，現在多了藥師的角色，讓民眾也多了一個專業的健康守護者。

醫藥本是一家，是我一直以來的信念，我執業的這些年在不同醫師身上學習到了很多用藥的觀念，透過不同領域的互相接觸，我也在檢驗、護理、放射等專業領域，獲得許多專業的知識，這些無價的寶藏讓我的藥師生涯平順很多。

台灣健保帶給民眾的便利，不止是在醫療上而已。強大的醫療背後衍生出的醫療後續照顧才是對民眾最大的資產，無論年紀多大，狀況多複雜，健保都會提供醫療支持，這是非常珍貴的保護網。

我真切的希望，民眾可以珍惜健保，不要浪費藥品，我看過很多很多藥品浪費的案例了，說真的每看一次就傷心一次，囤在家裡不用的藥品，醫療院所是不會回收再使用了，因為沒辦法確認保存品質，這些藥品只能銷毀報銷；因此如果還有剩藥，建議先用完剩藥再回診，或者告知醫師，請醫師先不要開處方，珍惜資源才能讓保護網更健全。

藥師真的是一種很容易被忽視卻和每一個民眾身體心理健康息息相關的職業，成為一名專業的藥師或許真的不容易，但箇中的點點滴滴，有淚水、有辛酸……有許多不足以外人道的生活，儘管工作壓力很大，但我仍對這一職業有著滿心喜愛，若你對藥師抱著一絲的好奇和喜歡，歡迎你成為藥師的一員。或是下次在醫院或是診所看到我們，請給我們一點鼓勵、支持和微笑，讓我們可以堅持下去。

不是那個「包藥的」：有時傻眼、有時溫馨，還偶爾噴淚的藥師奇葩人生

者	陳佳玲（玲玲藥師）
任編輯	陳姿穎
頁設計	江麗姿
面設計	任宥騰
深行銷	楊惠潔
銷主任	辛政遠
路經理	吳文龍
編輯	姚蜀芸
社長	黃錫鉉
經理	吳濱伶
行人	何飛鵬
版	創意市集 Inno-Fair 城邦文化事業股份有限公司
行	英屬蓋曼群島商家庭傳媒股份有限公司 城邦分公司 115台北市南港區昆陽街16號8樓

城邦讀書花園 http://www.cite.com.tw
客戶服務信箱 service@readingclub.com.tw
客戶服務專線 02-25007718、02-25007719
24小時傳真 02-25001990、02-25001991
服務時間 週一至週五9:30-12:00，13:30-17:00
劃撥帳號 19863813 戶名：書虫股份有限公司
實體展售書店 115台北市南港區昆陽街16號5樓
※如有缺頁、破損，或需大量購書，都請與客服聯繫

香港發行所 城邦（香港）出版集團有限公司
香港九龍土瓜灣土瓜灣道86號
順聯工業大廈6樓A室
電話：（852） 25086231
傳真：（852） 25789337
E-mail：hkcite@biznetvigator.com

馬新發行所 城邦（馬新）出版集團Cite （M） Sdn Bhd
41, Jalan Radin Anum, Bandar Baru Sri Petaling,
57000 Kuala Lumpur, Malaysia.
電話：（603）90563833
傳真：（603）90576622
Email：services@cite.my

製版印刷 凱林彩印股份有限公司
初版1刷 2024年10月

ISBN 978-626-7488-28-7／新台幣 380 元
EISBN 978-626-7488-25-6（EPUB）／新台幣 266 元
Printed in Taiwan

※廠商合作、作者投稿、讀者意見回饋，請至：
創意市集粉專 https://www.facebook.com/innofair
創意市集信箱 ifbook@hmg.com.tw

國家圖書館出版品預行編目資料

我不是那個「包藥的」：有時傻眼、有時溫馨，還偶爾噴淚的藥師奇葩人生/陳佳玲著. – 初版. – 臺北市: 創意市集, 城邦文化事業股份有限公司出版 : 英屬蓋曼群島商家庭傳媒股份有限公司城邦分公司發行, 2024.10

面 ； 公分

ISBN 978-626-7488-28-7（平裝）

1.CST:陳佳玲 2.CST: 藥師 3.CST: 傳記

783.3886 113011405